Gewächshäuser

Was Sie in diesem Buch finden

Gewächshäuser früher und heute 6

Kleine Geschichte des
   Gewächshauses 8
Vom Licht getrieben 10
Frühbeete 12
Wie funktioniert ein Gewächshaus? 13

Erst planen, dann bauen 16

Der richtige Standort 18
Ist eine Baugenehmigung
   erforderlich? 22
Gewächshaustypen 24
Das Fundament 33
Materialien für die Konstruktion 36
Verglasung und Folien 39
Fenster und Türen 48
Innenausstattung 51
Ein Gewächshaus selber bauen? 54

Was Sie in diesem Buch finden 5

Heizung, Beleuchtung und Belüftung 58

Nutzung und Temperatur 60
Heizung und Wärmebedarf 61
Licht ist Leben 66
Schatten und Schattierung 68
Luft und Belüftung 71

Gewächshaus-Praxis 72

Der Boden 74
Wasser und Luftfeuchtigkeit 78
Düngung im Gewächshaus 82
Pflanzenschutz im Gewächshaus 84

Gewächshäuser richtig nutzen 96

Pflanzen anziehen und vermehren 98
Gemüse und Kräuter 104
Kübelpflanzen pflegen und überwintern 122
Kakteen im Gewächshaus, ein stacheliges Vergnügen 127
Bromelien im temperierten Gewächshaus 130
Insektivoren 131
Orchideen im wenig beheizten Gewächshaus 133
Orchideen im warmen Gewächshaus 135

Anhang

Arbeitskalender für Gewächshaus und Frühbeet 137
Adressen, die Ihnen weiterhelfen 139
Stichwortverzeichnis 140

Gewächshäuser früher und heute

1851 traf man sich in London zur 1. Weltausstellung in einem gigantischen Gewächshaus – konstruiert von Joseph Paxton, einem Gärtner. Neu war die Verwendung von Gusseisen und Glas. Doch angefangen hat die Geschichte der Treibhäuser viel früher.

- **Kleine Geschichte des Gewächshauses** 8
  In den Anfängen dem Adel vorbehalten: Orangerien und Treibhäuser
- **Vom Licht getrieben** 10
  Vom botanischen Garten zum privaten Glashaus
- **Frühbeete** 12
  Wenn nicht genug Platz vorhanden ist
- **Wie funktioniert ein Gewächshaus** 13
  Kleiner Exkurs zum Thema Wärmestrahlung

Kleine Geschichte des Gewächshauses

Vielleicht war es ein römischer Kaiser mit Appetit auf Gurken oder ein Gärtner im alten Ägypten, der ganzjährig Blumen für Tafelschmuck benötigte. Auf jeden Fall wussten beide schon, dass sich Sonnenlicht hinter durchsichtigem Material in Wärme wandelt. Sie mussten ihre Beobachtung nur noch praktisch umsetzen.

Die Ägypter konnten bereits 1500 v. Chr. Glas herstellen, und von den Römern ist überliefert, dass sie lichtdurchlässige Abdeckungen, wahrscheinlich dünne Steine, zum Treiben von Wein und Gurken nutzten. Zwar war auch ihnen die Herstellung kleinerer Glasscheiben möglich, doch fanden diese wohl kaum als »Gewächshaus«-Verglasung Verwendung.

Richtiges Fensterglas wurde in Europa Ende des Mittelalters bekannt, aber nicht für Pflanzen benutzt. Zeichnungen früher holländischer Pflanzenhäuser zeigen Bretterverschläge mit hohem Fundament, die sich an eine Mauer anlehnen. Sie dienten ausschließlich zur Überwinterung von Zitruspflanzen und Feigen, die schon etwa seit 1600 an den europäischen Höfen kultiviert wurden. Um die ausgepflanzten, teilweise aber auch schon in Kübeln gezogenen Pflanzen wurde im Herbst ein Fachwerk-Holzverschlag errichtet, den man mit Brettern – einige davon blieben zur Lüftung beweglich – abdeckte. Das Gebäude wurde mit einfachen Öfen frostfrei gehalten. Von hier aus war es nicht mehr weit zu den ersten sogenannten Treibhäusern, meist an die Südwand eines Gebäudes oder an eine Mauer angelehnten Konstruktionen, die ausschließlich vom Vortreiben von Wein und Gemüse genutzt wurden. Zuerst war nur eine Seitenwand aus kostbarem Glas (Butzenscheiben), später auch das Dach.

Ab 1700 wurde Tafelglas produziert, große Scheiben (bis 100 × 200 cm) sorgten für mehr Licht. Bald senkte rationellere Herstellung den Preis, das »bezahlbare« Material förderte wiederum den Absatz. Vor allem in England, aber auch in Frankreich und Belgien wurde Glasarchitektur Mode. Es entstanden **Orangerien,** mehr oder weniger große und zum Teil aufwendige Gebäude zur Überwinterung von Zitrusgewächsen (daher der Name!), Granatäpfeln und später auch Palmen und Myrten.

Exotische Pflanzen, ob Palmen oder Zitrusgewächse, waren auch früher schon der ganze Stolz ihrer Besitzer.

Kleine Geschichte des Gewächshauses 9

Die Pomeranzen waren Frucht- und Zierpflanzen. Heute werden sie wieder wie damals an der Orangerie Herrenhausen aufgestellt.

Treibhäuser zur Zeit des »Alten Fritz«

Frühe Treibhäuser bestanden aus einer »gläsernen« Wand und einem Bretterverschlag, später dann gab es Ziegelwände und ein Dach. Beheizt wurde mit einer einfachen Kanalheizung an der Rückwand oder mit offenem Feuer.

König Friedrich II. von Preußen (1712–86) ließ im Schloss Sanssouci immerhin schon 800 verschiedene Zitrusgewächse hinter Glas kultivieren. Es gab Treibhäuser für Tafeltrauben, anderes Obst und Schnittblumen. Kleine improvisierte Treibhäuser für Feigenbäume entstanden z. B. auch durch die Glastüren vor den Mauernischen an der Treppe in Sanssouci.

Vom Licht getrieben

Für das Vortreiben im Frühjahr sowie zur Verlängerung der Gartensaison im Herbst und Winter wird Licht benötigt. Man richtete daher die Glasfläche nach dem zu dieser Jahreszeit niedrigen Stand der Sonne aus. Eine solche individuelle Anpassung der Neigung wurde bis ca. 1900 vorgenommen, dann kam das normgerechte Einheitshaus. Inzwischen besinnt man sich jedoch wieder mehr auf die individuelle und damit optimale Nutzung. Man nennt solche Bauten jetzt Solarhäuser.

Das ist natürlich nur irreführende Werbung, letztlich ist jedes Gewächshaus ein Solarhaus. Auch wird es in der Energiebilanz immer noch mehr Wärme abgeben als aufnehmen und vor allem nicht speichern.

Wintergarten oder Gewächshaus?

Ende des 19. Jahrhunderts entstanden in London, Paris und Berlin riesige frei stehende Glasbauten, in denen natürlich auch Pflanzen,

Das Tropenhaus, noch heute die Attraktion im Botanischen Garten Berlin. Nur solche großen Glashäuser vermitteln den »fast« natürlichen Eindruck tropischer Vielfalt.

insbesondere Palmen wuchsen. Wichtiger waren aber die dort untergebrachten Kaffeehäuser und Tanzlokale. Einen Eindruck von der Größe vermittelt noch heute das Palmenhaus im Botanischen Garten Berlin. Kleinere Wintergärten des Adels oder reicher Bürger blieben meist den Palmen vorbehalten. Man traf sich »unter Palmen«, es war der Garten im Winter.

Dieses Bild hat sich bis heute erhalten. Moderne Wintergärten werden als zusätzlicher Wohnraum, der auch begrünt sein darf, geschätzt. Im **Wintergarten** sollen sich in erster Linie die **Menschen** wohl fühlen. Schön, wenn es auch die Pflanzen tun. Doch dabei handelt es sich eher um einen (dekorativen) Nebeneffekt:

Im **Gewächshaus** hingegen ist alles auf die Bedürfnisse der **Pflanzen** ausgerichtet. Dieser Unterschied zeigt sich auch in baulicher Hinsicht: Ein Wintergarten muss immer der Wärmeschutzverordnung im Hochbau (DIN 4108) entsprechen. Diese schreibt thermisch getrennte Profile oder Holz in entsprechender Stärke, Isolierglas oder mindestens Stegdoppelplatten vor. Und für das Dach sind Verbundsicherheitsglas oder Kunststoff vonnöten. Zudem muss für einen Wintergarten immer ein Baugenehmigungsverfahren durchgeführt werden.

Glashäuser frei Haus

Auch das gab es früher schon: Gewächshäuser und Wintergärten aus dem Katalog. Die Verwendung von Gusseisenteilen brachte

Holz ist ein vielseitiger Werkstoff, der auch individuelle Lösungen erlaubt.

britische Eisengießer auf den Gedanken, normierte Bauteile zu fertigen, die sich beliebig kombinieren ließen. Das Baukastensystem war erfunden.

Eine der bekanntesten Eisengießereien war die 1850 gegründete Firma Walter McFarlane & Co. in Glasgow. Ihr Katalog von 1882 umfasst bereits 700 Seiten und enthält alle notwendigen Teile für den Bau von Gewächshäusern und Wintergärten.

Bauteile aus dem Katalog eines Profigewächshaus-Herstellers eignen sich durchaus auch für den Selbstbau. Profile, Dichtungen und Bedachungsmaterial lassen sich nämlich in großen wie in kleinen Treibhäusern gleichermaßen verwenden.

Frühbeete

Früher waren Gewächshäuser für Normalverbraucher fast unerschwinglich. Die meisten Berufs- und Hobbygärtner verwendeten darum Anzuchtkästen: Treib- oder Laukästen, Früh- oder Mistbeete.

Gerade Letztere waren im 19. Jahrhundert weit verbreitet und fanden sogar Eingang in der Literatur. So heißt es in Wilhelm Raabes Roman *Pfisters Mühle:* »Wer nicht seiner Palmen Keime in ein Mistbeet pflanzt, wird sehr selten Datteln davon in seine eigene Tasche für sein eigen Maul herunterholen.«

Ein Mistbeet war damals die übliche Methode, Anzuchtwärme zu erzeugen. Leider ist dies heute weithin in Vergessenheit geraten. (Näheres dazu siehe Seite 105 f.)
Dabei gab es nicht nur Glas für die Kästen. Vorläufer von Folie und Kunststoff, wie sie heute üblich sind, war durchsichtiges, gewachstes Papier.
Was die Anzucht von Gemüse und Sommerblumen angeht, ist Niederglas die ideale Ergänzung des Gewächshauses, da die Pflanzen hier besser abhärten.

Ein Frühbeet kann man leicht selber bauen. Es bringt zusätzlichen Platz, der besonders im Frühjahr von jedem »richtigen« Gewächshausgärtner immer dringend benötigt wird.

Wie funktioniert ein Gewächshaus?

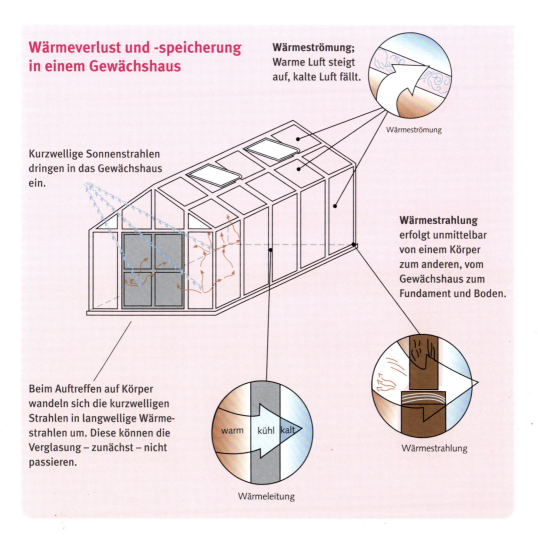

Wärmeverlust und -speicherung in einem Gewächshaus

Wärmeströmung; Warme Luft steigt auf, kalte Luft fällt.

Wärmeströmung

Kurzwellige Sonnenstrahlen dringen in das Gewächshaus ein.

Wärmestrahlung erfolgt unmittelbar von einem Körper zum anderen, vom Gewächshaus zum Fundament und Boden.

Beim Auftreffen auf Körper wandeln sich die kurzwelligen Strahlen in langwellige Wärmestrahlen um. Diese können die Verglasung – zunächst – nicht passieren.

warm   kühl   kalt

Wärmeleitung

Wärmestrahlung

Die Energiequelle des Gewächshauses ist das Licht. Der sogenannte Treibhauseffekt basiert auf den unterschiedlichen Wellenlängen des Lichts: Durch ein transparentes Material (Glas, Folie oder andere Kunststoffe) können **kurzwellige Sonnenstrahlen** in das Gewächshaus eindringen. Dort werden sie zu einem Teil absorbiert, zum anderen reflektiert. Dabei entstehen **langwellige Wärmestrahlen,** die, je nach Art der Bedachung, das Material nicht mehr passieren. Die Wärme bleibt folglich im Haus, natürlich nur für begrenzte Zeit.

Wärmeverlust und Wärme-speicherung

Wärme bewegt sich und strebt immer zum kältesten Punkt hin. Es spielt keine Rolle, ob dieser Punkt oben oder unten liegt. Stoffe, die Wärme schlecht leiten, werden nur langsam durchdrungen. Zudem spielt die **Wärmeströmung** eine Rolle. Warme Luft steigt auf, kalte Luft fällt nach unten. So strömt die Wärme aus dem Gewächshaus immer wieder nach draußen. Dies geht um so schneller, je größer die Temperaturdifferenz zwischen drinnen und draußen ist. Drittens entweicht Wärme aus dem Gewächshaus auch durch **Wärmestrahlung**. Die Wellen übertragen sich direkt von Körper zu Körper. Diese Wärme lässt sich vorübergehend sogar speichern: im Boden, in Mauern oder in den Pflanzen. Damit möglichst viel Wärme eindringt und gespeichert wird, dürfen die Körper selbst nicht reflektieren, also Wärmestrahlen abweisen. Am wenigsten reflektieren natürlich dunkle Körper.

Mein Rat

Dunkle Körper speichern Wärme besser als helle. Dies kann man auch praktisch nutzen, zum Beispiel durch schwarze Wasserbehälter, dunkle Fliesen oder Wände, massive dunkle Tische und Fundamente.

Über Wärmeleitung und Wärmeströmung geben Körper die Wärme verzögert ab, zum Beispiel nachts. In ein Gewächshaus muss also möglichst viel kurzwelliges Licht hinein, und möglichst wenig langwelliges darf hinaus. Dieses Prinzip ist ausschlaggebend für die Beurteilung der Werkstoffe, die man für den Gewächshausbau verwendet. Dabei kommt es in erster Linie auf die Energiedurchlässigkeit der Gewächshaushülle an (Wärmedurchgangskoeffizient, Reflexions- und Absorptionsverhalten). Auch der Wirkungsgrad der Globalstrahlung bei der Umwandlung in Wärme und der benötigten Innen- sowie der vorhandenen Außentemperatur spielten eine Rolle.

Bedachung

Für die Bedachung kommen neben Glas, das als Isolierglas verwendet werden kann, Kunststoffe als Platten und Folien in Frage. Besonders für den Erwerbsgartenbau sind Folien eine Alternative. Im Hobbybereich sind sie aber selten. Folien lassen sich anpassen. So können in lichtreichen Gegenden die Pflanzen vor Sonnenbestrahlung geschützt werden. Dazu wird ein Zusatz (NIR Cooling) verwendet. Dieses Produkt reduziert nicht nur die Temperatur in Abhängigkeit von der Lichtmenge, sondern erzeugt bereits bei geringen Zugaben ein optimiertes Wachstumsklima. In nördlichen Regionen sorgt hingegen ein optischer Aufheller (Optical Brightener) für eine Wachstumsbeschleunigung. Nebenbei bemerkt: Durch Zusätze lassen sich sogar Krankheitserreger eindämmen. Mit dem Additiv An-

Wie funktioniert ein Gewächshaus?

Energieschirme sind nicht nur etwas für die Profis, auch Hobbygärtner können Energie sparen. Dabei sollte man auf immer reflektierende Gewebe achten.

tifungi wird die Vermehrung und Ausbreitung von Pilzerkrankungen durch eine Verminderung der Sporenbildung erreicht. Üblich sind auch Energieschirme, die eingesetzt werden. Das sind Gewebebahnen aus unterschiedlichen Materialien. Sie bestehen aus lichtdurchlässigem Material und werden immer dann ausgefahren, wenn es für die Pflanzen entweder zu hell, zu warm oder zu kalt ist. Zusätzlich wird das Volumen des Gewächshauses um ein Drittel verringert. Das spart Heizenergie. Der Wärmeverlust lässt sich damit um 30 bis 40 % minimieren. Wichtige Qualitätskriterien sind ein hoher Reflexionsgrad, ein geringer Transmissionsgrad für langwellige Strahlung, eine geringe Luftdurchlässigkeit und eine gute Abdichtung. Auch die Abstrahlung der Wärme wird verhindert.

Auf einen Blick

- Schon seit vielen Jahrhunderten nutzt man den Treibhauseffekt lichtdurchlässiger Materialien, um Blumen und Früchte »vorzutreiben« und Erträge zu verbessern.
- Frühbeete zur Anzucht von Gemüse und Sommerblumen sind eine Ergänzung für jedes Gewächshaus, sie sind preiswert oder lassen sich leicht selber bauen.
- Der »Treibhauseffekt« basiert auf den unterschiedlichen Wellenlängen des Lichts: Kurzwellige Sonnenstrahlen dringen durch transparentes Material und werden dabei zu langwelligen Wärmestrahlen.

Erst planen, dann bauen

Wo findet man den optimalen Standort für sein Gewächshaus? Welche Licht- und Windverhältnisse sind vorteilhaft? Wie kann man die Angebote der verschiedenen Hersteller vergleichen? Und darf man ein Gewächshaus ohne behördliche Genehmigung errichten? Alles Fragen, die vor dem Kauf des Hauses geklärt werden müssen.

- **Der richtige Standort** 18
  Erst genau beobachten, dann den endgültigen Standort festlegen
- **Ist eine Baugenehmigung erforderlich?** 22
  Gesetzliche Vorschriften, die zu beachten sind
- **Gewächshaustypen** 24
  Für jeden Zweck die passende Form
- **Das Fundament** 33
  Die Grundlage muss stimmen
- **Materialien für die Konstruktion** 36
  Leichtbau oder Massivbauweise – nicht nur eine Frage des Geldbeutels
- **Verglasung und Folien** 39
  Glas versus Kunststoff
- **Fenster und Türen** 48
  Lösungen, die die Nutzbarkeit erleichtern
- **Innenausstattung** 51
  Arbeitsfläche und Begehbarkeit
- **Ein Gewächshaus selber bauen** 54
  Was ist machbar?

Der richtige Standort

Bei Anlehngewächshäusern entscheiden die schon vorhandenen Wände, Gartenmauern, Türen und Fenster über den Standort. So beziehen sich die nachfolgenden Hinweise in erster Linie auf **frei stehende Gewächshäuser:**

- Licht ist der Motor eines Gewächshauses. Also ist der lichtreichste Standort im Garten der Beste.
- Je länger die Wintersonne auf das Gewächshaus trifft, desto weniger zusätzliche Heizenergie benötigt man.
- Der Platz für das Gewächshaus darf nicht in einer frostgefährdeten Senke liegen. Sogenannte Frostlöcher kommen also nicht in Frage.

Schon bei geringem Gefälle im Gelände muss das Fundament angepasst werden – besonders in Berg- oder Hanglagen.

- Ungeeignet ist auch freies Gelände, über das ständig der Wind bläst.
- Hanglagen sind ebenfalls problematisch.
- Es darf nicht feucht sein. Nässe am Standort bedeutet Verdunstung, also Kälte.
- Die Versorgungsleitungen für Wasser, Strom oder Gas sollen nicht weit entfernt liegen. Soll das Gewächshaus an das Heizungssystem des Wohnhauses angeschlossen werden, sind kurze Entfernungen angebracht. Wasserleitungen und Stromkabel müssen mindestens 80 cm tief verlegt werden. Wichtig ist auch die fachgerechte Isolierung der Heizungszuleitungen, das spart Kosten.
- Und nicht zuletzt: Das Gewächshaus muss sich so harmonisch wie möglich in den Garten einfügen. Es darf nicht einfach irgendwo »in der Gegend« stehen. Wegeverlauf und die Ausrichtung des Wohnhauses sind zu berücksichtigen. Denken Sie daran, dass zum Lüften, Gießen und Pflegen häufige Wege anfallen. Bei Regenwetter oder im Winter verliert man schnell die Lust an seinen gärtnerischen Pflichten, wenn der Gang durch den Garten zu weit ist.

Den zukünftigen Standort beobachten

Zunächst markiert man den Wunschstandort. Ideal wäre eigentlich die Beobachtung über eine ganze Vegetationsperiode, doch wer hat

Aluminium-Haus mit farbiger Pulverbeschichtung. Platz für ein Gewächshaus findet sich auch im Reihenhausgarten.

Stahlgewächshaus mit Blankglasscheiben. Hier muss bei empfindlichen Pflanzen ab April schattiert werden.

schon so viel Geduld? – Schließlich kennt man ja seinen Garten!
Trotzdem sind folgende Fragen wichtig: Wie lange liegt der Standort im Licht: im Sommer, im Winter? Hält sich Frost an dieser Stelle länger? Welchen Einfluss hat der Wind? Sammelt sich hier nach dem Regen das Wasser? Welche Pflanzen wachsen hier besonders gut – sind es Licht- oder Schattenpflanzen?

Licht und Schatten
Licht ist das A und O im winterlichen Gewächshaus und spielt daher auch bei der Standortfrage eine entscheidende Rolle.

Wie lange erreicht die tief stehende Wintersonne das Gewächshaus? Welche Gegenstände (Bäume, Gebäude, Zäune, Hecken) werfen Schatten? Die Schattenlänge ist abhängig vom Objekt, seiner Größe und von der Sonnenhöhe. Je niedriger der Sonnenstand, desto länger der Schatten. Hinzu kommt, dass Licht bei einem niedrigeren Sonneneinstrahlwinkel einen längeren Weg zurücklegen muss und darum an Kraft verliert.
Im Winter benötigen alle Pflanzen viel Licht. Im Sommer kann es für manche Pflanzen (Orchideen, tropische Grünpflanzen) aber schon wieder zu viel werden. Dann heißt es, für Schatten sorgen. Schattenspender kann auch ein Laub-

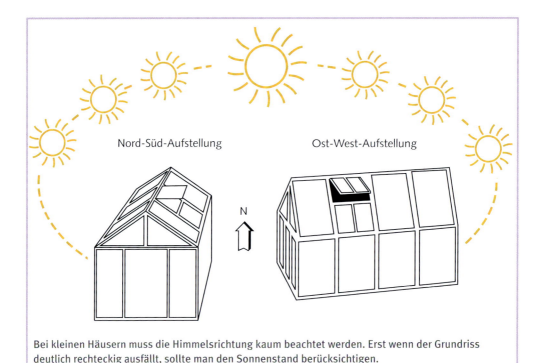

Bei kleinen Häusern muss die Himmelsrichtung kaum beachtet werden. Erst wenn der Grundriss deutlich rechteckig ausfällt, sollte man den Sonnenstand berücksichtigen.

baum sein. Nadelbäume sind ungeeignet, da sie ja auch im Winter Licht wegnehmen.

Wind

Auch der sonnenreichste Standort darf nicht ungeschützt bleiben. Wind bzw. jede Luftbewegung bringt Abkühlung, die, im Sommer sinnvoll, im Winter teuer wird. Die (warme) Luftschicht, die sich um das beheizte Gewächshaus herum aufbaut, wird durch Luftbewegung zerstört. Folglich muss ständig Wärme aus dem Haus nachgeführt werden. An stürmischen Tagen mit Temperaturen knapp über dem Gefrierpunkt verbraucht das Gewächshaus mehr Energie als bei −5 °C an windstillen Tagen. Als Windschutz kommen Hecken, Mauern und Zäune in Frage. Natürlich darf der Windschutz keinen direkten Schatten bringen.

Die Himmelsrichtung

Weil uns die Sonne leider nicht gleichmäßig »lacht«, ist die **Ost-West-Richtung** für **frei stehende Häuser** eigentlich ideal. Hier gibt es die beste Einstrahlungszeit und Lichtmenge. Das ist besonders wichtig für beheizte Gewächshäuser. In besonders windgefährdeten Gebieten sollte ein beheiztes Gewächshaus

allerdings immer mit der kleinsten Fläche zur Hauptwindrichtung stehen.
Anlehngewächshäuser werden in der Regel mit der größten Fläche – Dach und Stehwand – **zur Südseite** ausgerichtet. Bei ihnen kann man sich die Lage meist nicht aussuchen. Jede Richtung hat aber auch Vor- und Nachteile.

Nordost – Südost kommt in den Genuss von Morgensonne nach der kühlen Nacht, aber weniger Mittagssonne. Die Südostseite erhält bei uns seltener Regen, aber viel milde, ausgleichende Sonne, während sich Nordwest-Südost-Ausrichtung für angrenzende Räume empfiehlt. Hier scheint die Sonne nur am Nachmittag herein, dafür intensiv – und es ist in der Regel die Hauptangriffsrichtung für Regen und Wind.

Sicherheitsvorschriften

Gewächshäuser gehören nach VDE 0100 zur Gruppe der feuchten und nassen Räume. Nur der Fachmann darf Zuleitungen und Anschlüsse verlegen. Alle Geräte müssen mindestens der Schutzart »tropfwassergeschützt« angehören (💧). Leuchten müssen zur Schutzart »regengeschützt« zählen (🔲) Bei direkter Spritzwassereinwirkung ist die Schutzart »spritzwassergeschützt« anzuwenden (⚠). Ein Fehlerstromschutzschalter ist für Gewächshäuser unentbehrlich. Gas von der Zuleitung bis zur Verbrennungsstelle nur vom Fachmann installieren lassen. Die Funktion des Fehlerstromschutzschalters ist mindestens einmal monatlich, aber auch nach jedem Gewitter zu testen.

Mein Rat

Wer Gemüse, auch exotische Sorten wie Auberginen, Melonen oder Andenbeeren, kultivieren will, sollte im unbeheizten Haus die Nord-Süd-Richtung bevorzugen, weil so das Licht gleichmäßiger über den Tag verteilt an die Pflanzen gelangt und Überhitzung weitgehend vermieden wird.

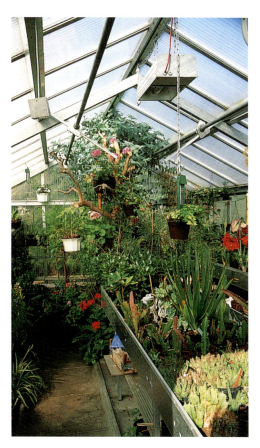

Die Inneneinrichtung richtet sich nach der Nutzung. Für Zierpflanzen sind Kulturtische sinnvoll.

Ist eine Baugenehmigung erforderlich?

Ob eine Baugenehmigung, eine Bauanzeige oder andere Vorschriften für den Bau eines Gewächshauses notwendig sind, lässt sich leider nicht verbindlich für die gesamte BRD festlegen. Selbst Behörden geben widersprüchliche Auskünfte. Grundsätzlich ist das Gewächshaus aber ein Gebäude und damit genehmigungspflichtig.

Um Probleme zu vermeiden, sollte man bei der zuständigen unteren Bauaufsichtsbehörde eine **Bauvoranfrage** einreichen. Schwierigkeiten gibt es allerdings zunehmend bei Anlehngewächshäusern. Gewächshäuser dürfen nämlich nicht zum ständigen Aufenthalt geeignet sein, weil dann die Vorgaben für einen Wintergarten gelten. Schon Tisch und Stühle signalisieren, dass das Haus nicht allein für Pflanzen genutzt wird.

Vor dem Bau abklären:

- **Örtliche Vorschriften** müssen beachtet werden. So können Gewächshäuser in einer Kleingartenanlage grundsätzlich verboten sein, oder sie dürfen nur eine bestimmte Größe haben.
- Die meisten **Nachbarn** haben Verständnis für den Gewächshauswunsch, weil sie häufig selbst aktive Gärtner sind. Ein informierendes Gespräch über den Gartenzaun *vor* dem Bau vermeidet spätere Auseinandersetzungen. Der **Grenzabstand** von 3 m muss immer eingehalten werden!
- **Mieter** sollten den Grundstückseigner um Erlaubnis bitten und schriftlich vereinbaren, dass das Gewächshaus Eigentum des Mieters bleibt. Sonst geht es beim Auszug in den Besitz des Vermieters über.

Überlegungen vor dem Kauf

Vergleichen und bewerten kann man nur, wenn man vergleichbare Angaben erhält, das heißt, wenn in den Katalogen der Gewächshaushersteller oder -lieferanten neben stimmungsvollen Bildern auch Angaben über Materialien zu finden sind!

Das Gewächshaus wird meistens als Bausatz geliefert, deshalb sollte man sich die Bauanleitung ruhig vorher zeigen lassen. Ist sie verständlich? Traut man sich überhaupt zu, das Haus fachgerecht zu errichten? Stehen eventuell Helfer zur Verfügung?

Allein kann man ein Gewächshaus meist nicht aufbauen. Manche Hersteller bieten daher eine »schlüsselfertige« Lieferung an.

Mein Rat

Man sollte einen Gewächshaushersteller immer nach einem Referenzobjekt in der Nähe fragen.
Zu empfehlen ist auch der Besuch einer Musterausstellung.

Checkliste zum Gewächshauskauf

Was kann man vergleichen?	Anbieter A	Anbieter B
Satteldach-, Anlehn-, Rundbogen-Konstruktionshaus in Maßanfertigung oder Foliengewächshaus	☐	☐
Aluminium, Stahl, Wintergartenqualität, Holz, Isolierung	☐	☐
Dichtungen: Vollgummi, Verglasungsvollgummi	☐	☐
Montageanleitung, Vorabprüfung, Musterhausbesichtigung	☐	☐
Sprossenprofil, Aluminiumstärke, Schlitz für Schrauben, Firstprofilstärke	☐	☐
Fundament, Fertigfundament, Fundamentplan	☐	☐
Dachrinnen (Kunststoff, Aluminium, Bestandteil der Konstruktion)	☐	☐
Tür, Schiebetür mit Bürstendichtung oder Drehtür	☐	☐
»Karrenbreite«	☐	☐
Schrauben aus Edelstahl oder Aluminium	☐	☐
Zahlungsbedingungen, Raten/Zinsen, Lieferzeit, Lieferkosten	☐	☐
Zubehör wie Automatische Fensteröffner	☐	☐
Größe m², Verhältnis von Länge und Breite, Firsthöhe	☐	☐
Bedachung Gesamtquadratmeterfläche	☐	☐
Hohlkammerplatten (4 mm, 6 mm, 10 mm, 16 mm), zweifach/dreifach Macrolon, Plexiglas, No drop Beschichtung, UV- durchlässig ?	☐	☐
Lichtdurchlässigkeit in %, Garantie und Zuschnitt?	☐	☐
Glas 4 mm, Glas ESG, Sicherheitsglas, ISO-Glas, Zuschnitt, Mischverglasung Dach/ Wände.	☐	☐
Farbige Pulverbeschichtung, Eloxierung	☐	☐
Montage, Montagekosten, Energieplan, Wärmebedarfsermittlung	☐	☐
Preis inkl. Mehrwertsteuer	☐	☐
Anbau durch Verlängerungsbausätze möglich?	☐	☐

Gewächshaustypen

Einen »Typ für alle Fälle« gibt es auch beim Gewächshaus nicht. Dazu ist das Angebot zu vielfältig: Häuser, Anlehngewächshäuser und Frühbeete in unterschiedlichen Größen und Konstruktionsarten. Besonders bei der Größe kommt es darauf an, wie viel Geld, Zeit und Arbeit jemand für sein Gewächshaushobby aufwenden möchte. Generell gilt jedoch: In einem Gewächshaus muss man mindestens stehen können, und ein Frühbeet sollte nicht unter 1 m² Fläche haben. Richtig arbeiten lässt es sich aber erst in einem Haus ab 15 m² Grundfläche.

Satteldachgewächshaus

Die für Kleingewächshäuser häufigste Bauart. Das Haus steht frei, Licht kann von allen Seiten genutzt werden, und der rechteckige

Ein typisches Satteldachhaus. Bei dieser Größe macht das »Gewächshausgärtnern« erst richtig Spaß. Hier ist genug Platz, auch zum Arbeiten!

Gewächshaustypen 25

Ein Anlehngewächshaus eignet sich für weniger lichthungrige Kulturen. Ob Orchideen, Kakteen oder andere tropische Pflanzen, direkt am Haus hat man viel Freude an seinem Hobby.

Grundriss ermöglicht optimale Raumnutzung. Satteldachgewächshäuser gibt es in unterschiedlichen Längen, Breiten und Höhen. Viele Modelle können später durch Anbausätze erweitert werden. Das Lichtangebot ist abhängig vom Neigungswinkel des Daches. Je steiler, desto mehr Licht im Winter. Die meisten angebotenen Hobbygewächshäuser haben einen Dachneigungswinkel zwischen 24,5° und 30°. Satteldachhäuser kann man schon ab einer Breite von 1,60 m erhalten. In einem **breiteren Haus** sind die **Nutzungsmöglichkeiten** jedoch wesentlich **günstiger**. Dazu ein Beispiel:

Zwei Gewächshäuser haben eine Grundfläche von 10 m².
Das eine ist 2 m breit und 5 m lang, das andere 2,50 m breit und 4 m lang. In beiden Häusern wird der notwendige Weg angelegt, der ca. 0,60 m breit sein sollte. Beim ersten Haus benötigt man für den Weg 3 m² Fläche (5 × 0,60 m), beim anderen nur 2,40 m². (4 × 0,60 m). Die zusätzliche Nutzung beträgt zwar in diesem Beispiel nur 0,60 m², doch wächst der gesparte Raum mit der Breite des Hauses. Zu breit soll es jedoch auch nicht sein, denn ab 3,50 m Breite sind bereits zwei Wege notwendig, um an alle Pflanzen heranzukommen.

Anlehngewächshaus

Dieser Haustyp ist vor allem für Wintergärten gängig, aber auch als Gewächshausmodell gefragt. Allerdings lassen sich nur Häuser mit einer Firsthöhe über 2,30 m ökonomisch bewirtschaften.
Angelehnt wird das Haus meistens an die Wand des Wohngebäudes, seltener an eine frei stehende Mauer. Der Energiebedarf verringert sich im Vergleich zum frei stehenden Gewächshaus. Die Glasfläche ist kleiner, zusätzlich wird die Abstrahlungswärme des Gebäudes genutzt. Allerdings stehen auch nur 50 % Lichteinstrahlung zur Verfügung. Für Gemüseanbau im Winter reicht das nicht aus. Vorteilhaft sind auch die kurzen Wege, wenn man das Anlehngewächshaus beispielsweise direkt an eine Nebeneingangstür baut. Wegen dieser Vorteile wird dieser Gewächshaushaustyp vor allem für Dauerkulturen (Orchideen oder Kakteen) geschätzt.

Rundgewächshaus

Eigentlich besteht dieser Typ aus sechs-, acht-, zwölf- oder sogar sechzehn eckigen Grundformen. Eine runde Glaskuppel wäre kaum zu bezahlen und schwierig zu produzieren. Ein Rundgewächshaus mit Aluminium- oder Holzkonstruktion ist sehr dekorativ, für die gärtnerische Nutzung jedoch weniger geeignet, da man spezielle, der Form angepasste Tische und Hängeregale benötigt. Auch Be- und Entlüftung sind komplizierter als in anderen Häusern. Eine effektive Lüftung

Ein Rundgewächshaus, eher schön als praktisch. Auf ausreichende Lüftung achten.

in die Dachspitze einzubauen, ist nämlich aufwendig. Und eine Seitenlüftung oder die Tür reichen als Lüftung nicht aus.

Foliengewächshaus

Ein Haustyp in Leichtbauweise, meist eine tunnelförmige Konstruktion aus Stahlrohren, die fest in der Erde verankert werden. Bedacht wird mit speziellen Gartenbaufolien. Sie sind jedoch leider nur begrenzt haltbar. Je nach Folienart reicht das Licht für die meisten Pflanzen aus. Natürlich sind Folien auch als Bedachung für alle anderen Konstruktionstypen (Selbstbau) möglich.

Erdhaus

Bei diesem Typ befinden sich die Seitenwände weitgehend unter der Erde. Die Wände werden aus Ziegeln gemauert. Meist haben die Häuser Satteldach, seltener ein Pultdach. Erdhäuser benötigen wenig Energie, erhalten aber auch weniger Licht. Allerdings ist die Strahlungsmenge immer noch größer als beim Anlehngewächshaus. Der finanzielle Mehraufwand beim Bau macht sich durch die Energiekostenersparnis schnell bezahlt. Gut geeignet ist das Erdhaus für Pflanzen, die im Sommer wenig Wärme vertragen. Dazu zählen einige Orchideen, Kakteen, Insektivoren und Alpenpflanzen. Auch für die Anzucht vieler Pflanzen im Frühjahr ist dieser Haustyp geeignet, weil die Pflanzen darin gut abgehärtet werden können.

Ein einfaches Folienhaus mit Stahlrahmen. Die Lüftung erfolgt nur über Tür oder Rückwand.

Mein Rat

Die Auswahl des Haustyps richtet sich zuerst nach den Pflanzen, die darin kultiviert werden sollen. Nicht zuletzt sollte man aber wenn möglich auch den »ästhetischen« Aspekt berücksichtigen. Ein Rundgewächshaus passt eher in den Ziergarten als ein Folienhaus.

Sonderformen

Manchmal ist der Platz im Garten verplant, und es gibt nur die Terrasse, den Balkon, das Hausdach oder die Garage. Gewächshäuser lassen sich trotzdem fast überall aufstellen. Wichtig ist nur, dass man solche Standorte besonders sorgfältig prüft. Dazu zählt neben ästhetischen und statischen Problemen (Wind) auch die Belastbarkeit des Untergrunds (wichtig bei Balkonen). Hinzu kommen rechtliche Vorschriften, die man unbedingt vor dem Kauf klären sollte. Sonderwünsche sind natürlich immer teuer.

Frühbeete

Frühbeete gibt es als Fertigkonstruktionen, sie lassen sich aber aus ausgedienten Glas- oder Folienfenstern auch relativ einfach selbst bauen. Grundsätzlich unterscheidet man Einfach- und Doppelkästen. Früher waren die Kästen aus Holz, später aus Beton, die Größe hing vom Fenstertyp ab.
Regional und national unterschied man sogenannte Normal- (1 × 1,50 m) und Holländerfenster (0,80 × 1,50 m). Solche Fenster bieten für den Hobbygärtner nur Vorteile. Allerdings sind Normalfenster schwer, Holländerfenster

Ein Erdgewächshaus spart Energie, allerdings verringert sich auch die Lichtzufuhr. Zur Anzucht im Frühjahr ist es trotzdem bestens geeignet. Ein stabiles Fundament wählen!

Gewächshaustypen 29

Frühbeet und Gewächshaus, eine ideale Verbindung. Nach der Anzucht im Frühbeet wird besonders im Frühjahr viel Platz benötigt, der dann im Gewächshaus zur Weiterkultur zur Verfügung steht.

dafür weniger windstabil. Im Normalfenster sind die Glasscheiben entweder mit Kitt eingesetzt oder in etwa 6 mm große Nuten der Längsschenkel eingeschoben, wie es auch beim Holländerfenster üblich ist.
Da Frühbeetfenster kaum noch angeboten werden, sollte man sie »nachbauen«. Dabei ersetzt das Glas heute eine stabile Gitterfolie, die auch über viele Jahr eingesetzt werden kann. Allerdings sollte man berücksichtigen, dass die leichten Fenster nun noch windlabiler sind. Entweder befestigt man die Fenster direkt mit Scharnieren am Kasten oder man beschwert sie mit Eisenstangen. Die feste Montage ist am Einfachkasten allerdings sinnvoller als an einem Doppelkasten.

Aufbau eines einfachen Aluminium-Gewächshauses (Baumarkttyp)

1 Ein frostfrei gegründetes, festes Ziegelfundament ist die beste Voraussetzung für den Aufbau. Fundamentplan vom Hersteller anfordern. Aluminium oder Stahl vor Beton schützen.

2 Der Aufbau beginnt mit dem Fundamentrahmen. Dieser muss am Fertig-, Platten oder Punktfundament befestigt werden. Gegebenenfalls noch ein Abdichtprofil verwenden.

3 Zuerst Teile nur lose verschrauben. Immer sichern, Aluminium kann leicht verbiegen. Erst später fest verschrauben.

4 Viel Werkzeug ist für den Aufbau eines Hauses nicht erforderlich. Jedoch Geduld und Hilfskräfte und eine Wasserwaage.

Fortsetzung

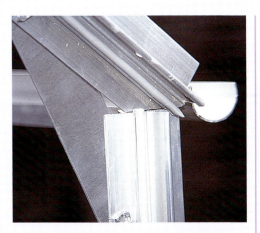

5 Die Dachrinne ist auch ein wichtiger statischer Bestandteil. Form und Größe, aber auch Materialstärke bestimmen maßgeblich die Qualität. Natürlich dient sie auch der Wassersammlung.

6 Vor der Firstmontage alle Winkel prüfen; auch diagonal messen. Erst dann die Schrauben fest anziehen. Meist kann man noch Verwerfungen durch die Schraubkanäle ausgleichen.

7 Den Rahmen mit dem Fundament verbinden. Noch einmal prüfen, ob alles in »Waage« ist, auch hier hilft eine einfache Gummidichtung.

8 Sprossen und Lüftungsfenster lassen sich leicht in den First einschieben. Sie müssen leicht beweglich sein, damit sie sich leicht öffnen lassen.

Aufbau eines einfachen Aluminium-Gewächshauses (Fortsetzung)

9 Dabei ist es wichtig, die Montageanleitung genau zu beachten. Der Aufbau ist nur »scheinbar« logisch. Die Einhaltung der Reihenfolge ist daher besonders wichtig. Sonst fehlen plötzlich Teile!

10 Erst die Verglasung bringt letztlich Stabilität. Fehler beim Aufbau des Rahmens können jetzt zu Glasbruch führen. Die Scheiben oder Platten müssen »beweglich« bleiben. Dichtmaterial nicht vergessen.

11 Glasklammern halten die Scheiben in den Sprossen fest, zusätzliche Winkel sichern vor dem Abrutschen. Zwei halten besser als eine, evtl. selbst biegen.

12 Die Tür muss in »Waage« eingebaut werden, sonst kann man sie schwer öffnen. Stabilität beim Einbau erhält man durch die Verglasung.

Das Fundament

Jedes Gewächshaus **steht** auf einem Fundament. Der Bau selbst kann – je nach Größe des Hauses – aus den tragenden Teilen, Binder, Pfetten und Sprossen bestehen. Binder und Pfetten sind allerdings nur bei großen Häusern erforderlich. Fundament, First, Dachrinne, Windverstrebungen und Sprossen reichen als tragende Konstruktion für gängige Kleingewächshäuser aus.

Durch das Fundament wird die Last auf den Boden übertragen. Außerdem schützt das Fundament, wenn es als Streifenfundament angelegt ist, vor Kälte, Hitze und Feuchtigkeit und hält zusätzlich tierische Schädlinge wie Mäuse und Schnecken fern.

Bei der Erstellung des Fundaments hilft der Fundamentplan des Herstellers. Spätestens bei der Auftragserteilung sollte man diesen Plan anfordern. Die darin angeführten Maße sind genau einzuhalten, auch das erforderliche geringe Gefälle ist zu beachten. Geringe Unebenheiten lassen sich später noch durch ein beschichtetes Aluminiumband oder Bitumenstreifen ausgleichen.

Fertigfundamente sind einfach zu montieren und garantieren Passgenauigkeit. Wichtig ist die Verankerung im Boden. Wegeplatten oder Erdanker sorgen für Stabilität.

Mein Rat

Je besser das Fundament isoliert wird, desto mehr Energie spart man. Styrodurplatten, außen und/oder innen am Fundament angebracht, sind eine zusätzliche Isolierung. Energie spart außerdem ein tief gegründetes Fundament: Kälte aus dem Boden kann nicht eindringen, Wärme geht nicht an den Boden verloren. Außerdem schützt es ausgezeichnet vor Mäusen.

Punkt- und Fertigfundament

Für ungeheizte Gewächs- oder Folienhäuser genügt ein Punktfundament unter den Lasten. Zu vielen Kleingewächshäusern werden Fertigfundamente angeboten, die oft einen Teil der Konstruktion bilden. Meist sind es Rahmen aus Aluminium oder Stahl, seltener Holzbohlen. In der Regel sind sie stabil, reichen aber als Schutz vor Kälte und Schädlingen für beheizte Gewächshäuser nicht aus.

Streifenfundament

Günstiger als ein Fertigfundament ist ein festes, mindestens 10 cm breites Streifenfundament aus Ziegel oder Beton, frostfrei gegründet, das heißt, es muss so tief angelegt werden, dass es auf frostfreiem Boden ruht. Zudem muss die Oberkante wasserabweisend gefertigt werden. Betonfarbe ist gut, besser aber eine Abdeckung aus Hartbrandklinkern oder frostsicheren Bodenfliesen.

Regenwasserbecken einplanen

Schon bei der Fundamentplanung sollte man die Möglichkeit prüfen, ein Regenwasser-

Eine Tür, die sich oben öffnen lässt, so kann man Hunden und Kindern den Zutritt verwehren.

Fertigfundament, das hier von außen und innen mit Styrodur® zusätzlich isoliert wurde.

Das Fundament 35

Wasser im oder am Haus sammeln. Regenwasser ist nun einmal für alle Pflanzen besonders gut geeignet.

Ein Fundament aus Ziegeln schließt nach oben mit einem wasserabweisenden Anstrich oder mit Fliesen ab.

Sammelbecken einzubauen. Gießwasser kann über die Dachrinne in einem Behälter gesammelt und im oder außerhalb des Gewächshauses bevorratet werden.

Vorteilhaft ist es, das **Sammelbecken unterirdisch** anzulegen. So verliert man keinen Kulturraum. Sammelbecken aus Kunststoff gibt es im Gartenfachhandel. Man kann es aber auch mauern oder aus Beton gießen. Nach dem Einbau wird das Becken gefliest – zum Beispiel mit preiswerten Restfliesen aus dem Baumarkt – oder mit einem wasserfesten Anstrich versehen. Wählen Sie für Wassersammelbecken dunkle Materialien, die zusätzlich der Wärmespeicherung dienen. Außerdem wird so das Gießwasser temperiert. Wichtig: Das Becken muss nach oben verschlossen, aber zur Reinigung zugänglich sein. Gebrauchtes Gieß- oder Tropfwasser aus den Kulturen darf nicht in das Becken gelangen, sonst besteht Infektionsgefahr.

Oberirdische Sammelbecken lassen sich gleichzeitig als Kulturtisch nutzen. Man kann dafür ebenfalls Fertigbecken aus Kunststoff wählen oder aber einen Behälter mit dem Fundament zusammenmauern. Das Sammelbecken wird dann mit der Tischplatte abgedeckt.

Mein Rat

Die Firsthöhe des Gewächshauses lässt sich durch ein höheres Fundament erhöhen. Allerdings gibt es dann an der Tür eine Schwelle, die den Zugang mit der Schubkarre erschwert. Und es besteht Stolpergefahr! Abhilfe schafft eine Rampe außen und innen oder besser eine abgesenkte Tür. Die gewonnene Höhe kann für ein Hängeregal über dem Kulturtisch genutzt werden.

Materialien für die Konstruktion

An das Material für die Gewächshauskonstruktion werden hohe Anforderungen gestellt: Es muss stabil und haltbar sein und trotzdem in den Ausmaßen nicht zu gewaltig, denn Licht muss ungehindert ins Haus gelangen. Eine Differenz zwischen Innen- und Außentemperatur bis zu 50 °C und mehr muss genauso ausgehalten werden wie hohe Feuchtigkeit. Dabei soll die Wärmeleitfähigkeit niedrig bleiben – bei isolierenden Stoffen also gering, bei wärmeleitenden (etwa Heizungen) möglichst hoch sein. Für die Konstruktion stehen unterschiedliche Materialien zur Auswahl.

Aluminium

Dieser Werkstoff hat sich für Kleingewächshäuser durchgesetzt. Aluminium gehört zu den Leichtmetallen, es ist fast unbegrenzt formbar und kann extrem belastet werden. Die Wärmeleitfähigkeit ist zwar hoch, die Haltbarkeit – ohne aufwendige

Mut zur Farbe! Die Pulverbeschichtung schützt das Aluminium und macht aus einem Gewächshaus ein Gestaltungselement im Garten.

Materialien für die Konstruktion 37

Erhaltungsarbeiten – dafür langfristig aber umso besser.
Sprossen aus Aluminium lassen sich bei der Herstellung beliebig formen. In die entstandenen Schlitze lassen sich Befestigungsschrauben, Abdichtungsgummiprofile, Abdeckleisten und vieles mehr einschieben. Hersteller von Hobbygewächshäusern haben eigene Profile entwickelt oder Formen aus dem Erwerbsgartenbau übernommen. Die Sprossen sind teilweise so geformt, dass sie unterschiedliche Bedachungen aufnehmen können von Glas bis Kunststoff, sogar in verschiedenen Stärken. All das hat natürlich seinen Preis und lohnt nur, wenn das Gewächshaus rund ums Jahr genutzt wird. Leider wird manchmal an der Materialmenge gespart. Solche Sprossen sind nicht belastbar und können dem Winddruck nicht standhalten. Was nützt es da, dass so ein Haus preiswert war.

Stahl

Früher war Eisen im Gewächshausbau nur in Form von Gusseisen gebräuchlich. Stahl, also Eisen mit bestimmten Zusätzen, ist ohne vorherige Behandlung formbar und kann geschmiedet oder geschweißt werden. Die Qualität richtet sich nach bestimmten DIN-Normen. Wird Stahl zusätzlich verzinkt, ist er sehr haltbar. Gewächshäuser aus Stahl sind heute immer verzinkt und relativ preiswert, wirken aber durch die einfache Form der Teile recht klobig. Für Kleingewächshäuser werden T-Sprossen verwendet. Die sonst übliche kittlose Verglasung in Gummiprofilen ist nicht

Aluminiumhaus in Pyramidenform, gleichmäßiger Lichteinfall, für Kakteen besonders geeignet.

möglich. In vielen Fällen sind Stahlhäuser trotzdem gut geeignet, vor allen Dingen auch als Unterbau für Folienhäuser. Stahl leitet zwar Wärme, doch macht die Belastbarkeit diesen Nachteil wett.

Holz

Gewächshäuser mit Holzkonstruktion fügen sich harmonisch in das Gesamtbild des Gar-

Mein Rat

Unbehandelte Aluminiumbauteile müssen durch isolierende Anstriche, durch Bitumpappe oder einen Schutzfilm vor der Berührung mit Beton, Zement und Kalkmörtel geschützt werden.

ERST PLANEN, DANN BAUEN

Ein Holzgewächshaus muss nicht aus tropischen Edelhölzern gefertigt werden. Abgelagerte Lärche, Eiche oder Buche garantieren – mit einem Schutzanstrich – ebenfalls lange Haltbarkeit.

tens ein. Günstig ist die Wärmeleitfähigkeit. Zudem lässt sich Holz leicht bearbeiten, ein Vorteil für Heimwerker. Dafür sind die tragenden Teile relativ klobig, sie »schlucken« viel Licht. Auch die Haltbarkeit ist im Vergleich zu Aluminium und Stahl begrenzt und lässt sich nur durch schützende Anstriche erheblich verbessern.

Pflanzenschädigende Holzschutzmittel kommen natürlich nicht in Frage. Biologische Mittel aber müssen sehr häufig angewendet werden. Hohe Temperatur in Verbindung mit hoher Luftfeuchtigkeit setzen dem Holz besonders zu. Exotische Hölzer verbessern die Möglichkeiten. Verwenden Sie aber ausschließlich solche aus Plantagenanbau.

Kunststoff

Dieses Material wird für die tragende Konstruktion eines Gewächshauses selten verwendet. Lediglich Folienhäuser werden aus biegsamen Kunststoffstangen gebaut. Dabei wären Kunststoffe wegen ihrer schlechten Wärmeleitfähigkeit besonders gut geeignet. Kunststoff ist beliebig formbar und in bestimmten Zusammensetzungen auch haltbar. Im Wintergartenbau kommen Kunststoffe schon häufiger zum Einsatz. Für den Gewächshausbau sind sie vermutlich noch zu teuer. Komplette Kunststoffhäuser werden derzeit nur von Firmen aus den USA, Israel und Belgien angeboten.

Verglasung und Folien

Die Bedachung entscheidet über die optimale Lichtnutzung, aber auch über die Isolierung. Bis etwa 1850 wurde ausschließlich Gussglas verwendet. Die kleinen Scheiben waren auf einer Seite matt und nur schwach lichtdurchlässig. Tafelglas, das man seit 1700 herstellen konnte, war viel zu kostbar für Gewächshäuser. In England und Holland gab es sogar bis 1845 eine spezielle Glassteuer.

Für die Bedachung eines Gewächshauses benötigt man Materialien, die Licht (kurzwellige Strahlen) einlassen und den drei Kräften Wärmeleitung, Wärmeströmung und Wärmestrahlung (langwellige Strahlen, siehe Grafik Seite 13) möglichst entgegenwirken.

Wichtig ist auch das Verhalten der Stoffe gegenüber UV-Licht. Die mittelwelligen UV-Strahlen sind für das Streckenwachstum und bestimmte Reifeprozesse verantwortlich, darunter die Farb- und Geschmacksentwicklung von Blüten und Früchten. Glas lässt nur wenige UV-Strahlen durch, trotzdem wachsen, blühen und fruchten Pflanzen unter Glas. Mit zunehmender UV-Strahlung lassen sich jedoch bessere Resultate erzielen. So schmecken Tomaten unter UV-durchlässigem Material wie aus dem Freiland, und die Blütenfarbe mancher Zierpflanzen zeigt sich intensiver.

Glas

Dieses klassische Bedachungsmaterial hat keinesfalls ausgedient. Der Nachteil – Bruchgefahr bei mechanischer Einwirkung – wird wettgemacht durch die Haltbarkeit gegenüber chemischen Einflüssen und die relativ umweltfreundliche Herstellung. Langwellige Wärmestrahlen und UV-Strahlen können Glas nicht passieren. Je nach Lichteinfallswinkel beträgt die Lichtausbeute zwischen 89 und 92 %. Die Lichtdurchlässigkeit wird langfristig kaum beeinträchtigt.

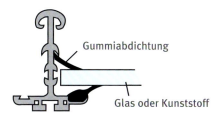

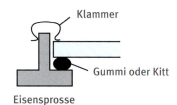

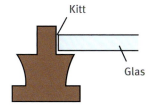

Möglichkeiten der Verglasung
Immer muss der feste Halt der Verglasung gegen Wind und Sogkräfte gewährleistet sein. Auf ausreichende Elastizität der Abdichtung achten!

Wärmedurchgang verschiedener Bedachungen

Material	Wärmedurchgang	Einsparung im Vergleich zu 4-mm-Glas
Einfachglas, 4 mm	100 %	0 %
Doppelglas, 15 mm	51 %	43 %
Stegdoppelplatten, 16 mm	48 %	45 %
PE-Folie ohne Abstand	100 %	0 %
PE-Folie mit 15 mm Abstand	64 %	31 %
Schattierungsgewebe außen	79 %	38 %

Früher wurde nur minderwertiges Glas für Gewächshäuser verarbeitet, das sogenannte Gartenglas. Es enthielt Lufteinschlüsse und Verunreinigungen, war aber wesentlich preiswerter als Fensterglas. Bei der heutigen Fertigung können solche Fehler weitgehend ausgeschlossen werden.

Blankglas in Schindelverglasung. Dies ist nur bei preiswerten Häusern üblich.

Klar- und Blankglas

Man unterscheidet im Gartenbau zwei Glasarten: **Blankglas,** das auf beiden Seiten völlig durchsichtig ist, und das **Klarglas,** auch Nörpelglas genannt. Man geht davon aus, dass die Riffelung das Licht besser streut, die diffuse Strahlung Verbrennungen bei den Pflanzen vermeidet und durch die vergrößerte Oberfläche mehr Licht eindringt.
Untersuchungen mit modernen Messinstrumenten haben allerdings gezeigt, dass der Unterschied zwischen den beiden Glasarten gering ist und nur bei sehr großen Glasflächen eine Rolle spielt.

Glasstärken

Aus Sicherheitsgründen sollte man Glas mit mindestens 3 mm Dicke verwenden (DD-Glas), besser sind 4 oder 5 mm.

Scheibengrößen

Für preiswerte Häuser werden die Scheiben in Kartons verpackt geliefert. Dabei wird die

Scheibengröße 60 × 60 cm gewählt. Größere Scheiben müssten nämlich, um Bruch zu vermeiden, in festen Holzkisten transportiert werden. Die kleinen Scheiben werden dann in der sogenannten Schindelverglasung eingesetzt. Dabei liegt eine Scheibe über der anderen. In den Zwischenräumen, die nie richtig dicht schließen, sammelt sich Schmutz, der nur mühselig entfernt werden kann. Ganze Tafeln für das Dach oder ein Seitenfeld sind daher einer Schindelverglasung unbedingt vorzuziehen.

Prüfen Sie, ob alle Scheiben schon für Ihr Gewächshaus passend zugeschnitten sind. Es soll Hersteller geben, die dem Bausatz lediglich einen Glasschneider beilegen!

Isolierglas

Vermehrungshäuser, Warmhäuser mit erhöhtem Wärmebedarf, hat man im 19. Jahrhundert mit zwei Scheiben verglast. Die erste Scheibe wurde außen fest »verkittet«, die zweite war innen lose in einem Holzrahmen montiert, der zur Reinigung entfernt werden konnte. Für den Selbstbau ist das heute noch eine interessante Lösung.

Mittlerweile gibt es Isolierglasscheiben, die luftdicht, häufig mit Kohlendioxid befüllt, verschweißt oder verklebt werden. Der Isolierwert entspricht den Stegdoppelplatten. Solche Scheiben haben ein enormes Gewicht. Schon aus statischen Gründen werden sie bei den meisten Gewächshausmodellen daher

Ob Glas oder Kunststoff, wichtig ist die lange Haltbarkeit der Bedachung. Manche Kunststoffe sind schon mehr als 30 Jahre in Gebrauch.

ERST PLANEN, DANN BAUEN

Kunststoffplatten lassen sich bei Stärken bis 6 mm extrem biegen, dadurch kann man sie ohne zusätzliche Sprossen einsetzen. Das erhöht die Lichtausbeute.

nur für die Seitenwände genutzt. Andere Glasarten wie Verbundsicherheitsglas, Wärmeschutzglas, Sicherheitsglas kommen für Gewächshäuser nicht in Frage.

Kunststoffplatten, Stegdoppelplatten

Für Kleingewächshäuser wird in Deutschland die Glasbedachung langsam durch Kunststoffe ersetzt. Dabei konnten sich Polycarbonat und Acryl durchsetzen, die unter verschiedenen Markenbezeichnungen angeboten werden. Üblich ist die Verwendung als Stegdoppelplatte, auch Hohlkammerplatte genannt. Sie bestehen meist aus zwei, manchmal sogar aus drei oder vier Platten, die durch senkrechte Stege voneinander getrennt sind. Bei diesen Zwei-, Drei- oder Vierkammerplatten werden im Wintergarten- und Gewächshausbereich Stärken von 4 bis 32 mm angeboten. Der Abstand der Stege richtet sich nach der Materialstärke der Schichten. Für Gewächshäuser und Wintergärten gibt es die Platten farblos, manchmal mit einer sogenannten Longlife-Vergütung und einer NO-DROP-Beschichtung. Nach unten/innen verlegt, bewirkt diese, dass Wasser – meist Kondenswasser – auf der Platte einen Wasserfilm bildet und verdunstet oder gleichmäßig verteilt (nicht als Einzeltropfen) nach unten abläuft. So bleibt es unter dem Dach heller, und man vermeidet Tropfwasserschäden an Pflanzen. Nach oben/außen verlegt, wird die NO-DROP-beschichtete Platte bei feuchtem Wetter besser gereinigt und schneller trocken.

Platten aus Polycarbonat

Dieser Kunststoff läuft meist unter der Handelsbezeichnung Macrolon. Er ist dehnbarer und weicher als Acryl und fast unzerbrechlich. Vor allem in Gebieten mit Hagelgefahr, unter Bäumen oder bei großen Spannweiten sind Platten aus Polycarbonat angebracht. Das Material ist nur geringfügig durchlässig für UV-Strahlung. Bei einer 16-mm-Stegdoppelplatte (die gebräuchlichste Dicke) beträgt die Lichtdurchlässigkeit 77 %, bei der Dreifachplatte immerhin noch 72 %. Der Wärmedurchgangskoeffizient (K-Wert) liegt bei 2,9 m²K bzw. 2,4 m²K bei der Dreifachplatte. Je nach Dicke der Platten müssen die Sprossenabstände gewählt werden.

Winddruck kann einer 3,5 mm starken Platte schnell zu schaffen machen: Sie biegt durch und löst sich aus der Befestigungsklammer. Für diese Platten darf deshalb der Sprossenabstand nicht unter 60 cm liegen. Erst 8 mm starke, besser 16 mm starke Platten halten auch kräftigem Wind stand.

Platten aus Acryl

Acryl, der wohl erste Kunststoff, der wirklich als Konkurrenz zu Glas gelten kann, ist spröder als Polycarbonat, hat aber den Vorteil, dass bei der Plattenstärke von 16 mm die Lichtdurchlässigkeit 86 % beträgt, bei der Dreifachplatte 81 %. Damit ist dieses Material für Pflanzen gut geeignet, zumal UV-Strahlen fast ungehindert passieren können. Die Wärmedurchgangszahl entspricht der von Polycarbonat bei gleicher Dicke.

Bis vor wenigen Jahren waren alle Stegdoppelplatten aus Acrylglas für UV-Strahlung durchlässig. Der Nachteil dieser Platten: Sie waren deutlich spröder als vergleichbare Platten aus Polycarbonat.

Stegdoppelplatten in einer Aluminiumsprosse, die Abdichtung geschieht durch ein spezielles Klemmprofil (System Krieger).

Abdichtung der Stegdoppelplatten mit Aluminiumband (nach unten offen!).

Mein Rat

Ein österreichischer Gewächshausbauer (Wagner) hat eine Acrylplatte entwickelt, die im Nut- und Federprinzip verlegt wird. Sprossen, also Kältebrücken, werden vermieden. Die Stabilität wird durch eine Plattenstärke von 20 mm erreicht.

Seit einigen Jahren ist eine vergleichbar haltbare, dehnbare Stegdoppelplatte unter der Bezeichnung **Plexiglas Resist SDP** erhältlich. Sie hat Vorteile der Polycarbonatplatte und ist ebenfalls nicht UV-durchlässig, obwohl aus **Acryl**. Zusätzlich ist unter der Bezeichnung **Plexiglas Heatstop** eine Platte mit nur 40 % Lichtdurchlässigkeit im Handel; sie wird für den »Wohnwintergarten« empfohlen und sie ist nicht UV-durchlässig.

Tipps aus der Praxis

- Plexiglas- und Macrolon-Platten dehnen sich bei Wärme und/oder Feuchtigkeit aus und ziehen sich bei Kälte und/oder Trockenheit zusammen. Die Plattenlängen sind folglich so bemessen, dass ein Herausrutschen der Platten aus dem oberen Halte- oder Anschlussprofil bei Kälte vermieden wird. Andererseits muss bei warmer Witterung die **Materialdehnung** möglich sein, sonst gibt es Bruch. Lassen Sie sich im Einzelfall vom Hersteller beraten.
- Für Acryl- und Polycarbonatplatten wird eine **Haltbarkeitsgarantie** gegeben – vo-

rausgesetzt, man beachtet hierbei die Verlegehinweise!
- Unterschiedlich sind Biegefestigkeit, statische Belastung der Materialien und Stärken. Alle Platten dürfen nur senkrecht bzw. mit Gefälle verlegt werden. Dachneigung mind. 5° (= 90 mm/m)!
- Stegdoppelplatten sind geringfügig gas- und dampfdurchlässig, daher bildet sich ein Kondensat, das ablaufen muss. Stegdoppelplatten dürfen deshalb niemals unten vollständig verschlossen werden, oben natürlich schon.
- Von einigen Gewächshausherstellern werden **Stegdoppelplatten ohne Verschlussmöglichkeit** verlegt. Hier sollte man sich selbst im Baustoffhandel Aluminiumschienen oder Klebeband beschaffen und die Platten zumindest oben verschließen.
- Zum Verlegen dürfen nur bestimmte Klebestoffe, Kunststoff- oder Gummidichtungen benützt werden. Unbedingt die Hinweise der Hersteller beachten, wenn man vor Überraschungen sicher sein will!
- Zur **Verarbeitung** eignen sich hochtourige Kreissägen mit ungeschränktem Hartmetall-Sägeblatt. Zum Bohren ist ein Spezialbohrer vonnöten.

Folien

Neben Glas und Kunststoff stellt die Folie das gebräuchlichste Baumaterial für Gewächshausbedachung dar. Im Hobbybereich gibt es viele Aufgaben, die nur mit Folien sinnvoll gelöst werden können. Dazu gehören der Insekten- und Frostschutz oder die Zusatzisolierung eines Gewächshauses.

Vorteil der Folie ist, dass geringere Anforderungen an die Gewächshaus-Tragkonstruktionen gestellt werden können. Die Bedachung passt sich aufgrund der Flexibilität der Folie an. Trotzdem müssen die Folie und die Unterkonstruktion den auftretenden mechanischen Belastungen besonders durch Wind natürlich standhalten. Und: Die Folienbedachungen eines Gewächshauses müssen nach einer bestimmten Zeit ausgetauscht werden. Ihre Verwendung schließt also schon von Anfang an das Entsorgungsproblem mit ein. Auf Folien, deren **Entsorgung** sehr schwierig ist, wie dies bei PVC der Fall ist, sollte der Hobbygärtner deshalb verzichten.

Im Garten darf man nur Folien verwenden, die speziell für den Einsatz im Freien geeignet sind. Sie müssen UV-stabil und hitze- wie kälteresistent sein und bleiben. Nicht einmal für den Bau eines provisorischen Tomatenhäuschens sollte man Verpackungsfolie verwenden, sie löst sich schon nach kurzer Zeit in Einzelteile auf.

PE-Folien (Polyäthylen)

Der wesentliche Nachteil des Werkstoffes Polyäthylen ist, dass er durch die UV-Strahlung des Sonnenlichtes altert. Daher müssen alle PE-Folien für längerfristigen Einsatz durch so genannte UV-Absorber oder UV-Stabilisatoren geschützt werden. Aber auch dann tritt eine Alterung auf, sie verläuft jedoch langsamer. Die Auswirkungen sind zum einen eine Abnahme der Sonnenstrahlungsdurchlässigkeit und zum anderen eine Verringerung der mechanischen Festigkeit, wodurch das Risiko steigt, dass die Folie in einer stürmischen Nacht zerreißt. Die Folien müssen neu eine **Sonnenstrahlungsdurchlässigkeit** von etwa 88 % besitzen, da Licht in der Winter- und Übergangszeit sonst nur mangelhaft verfügbar ist.

PE-Folien sind unproblematisch zu entsorgen. Leider kann man einer Folie nicht ansehen, ob sie für den Einsatz im Garten geeignet ist. Beziehen Sie Folien also nur im Fachhandel.

Weitere Folientypen

Daneben sind noch eine Reihe anderer Folientypen auf dem Markt, die spezielle Eigen-

Das Gewächshaus mit der »großen Klappe«. Dadurch, dass man die Seitenwand vollständig öffnen kann, entsteht zusätzlicher Nutzraum.

schaften haben wie etwa die Verringerung der Wärmestrahlungsdurchlässigkeit (»**thermische Folien**«). Während bei einer unvergüteten Folie etwa 80 % der Wärmestrahlung des Gewächshausinneren nach außen abgegeben werden kann, wird dieser Prozentsatz bei vergüteten Folien auf 10 bis 20 % reduziert. Die Folge: Die Pflanzentemperatur liegt höher, der Wärmeverbrauch der Gewächshäuser verringert sich.

Durch den Einsatz des Kunststoffs EVA (Ethylvinylacetat) in PE-Folien wird die Elastizität der Folien verbessert, was bei Windbeanspruchung höhere Festigkeit bringt. Zusätzlich hat EVA auch eine blockierende Wirkung auf die Wärmestrahlung. Solche Spezialfolien sind allerdings meist nur schwer in kleinen Größen zu erhalten. Lieferanten finden Sie in den Bezugsquellen (siehe Seite 139).

Andere PE-Folien für Gewächshäuser werden mit einem **Gitternetz verstärkt.** Sie sind dann mindestens fünf Jahre haltbar. Die Hersteller gewähren auf solche Spezialfolien immer eine Haltbarkeitsgarantie. Mit diesen Sonderformen wird die eigentlich preiswerte PE-Folie aber teuer.

Noppen- oder Luftpolsterfolien, die für den Gebrauch im Gewächshaus gedacht sind, bestehen aus UV-stabilisiertem PE. (Verpackungsfolien aus PE sind unbrauchbar.) Solche Luftpolsterfolien werden direkt auf Folienhäusern, aber auch zur Isolierung in Glas- oder Kunststoffhäusern eingesetzt, sowohl außen als auch innen. Dafür wurden

Gewächshausfolien sind UV-stabilisiert, beim Kauf sollte man immer eine Haltbarkeitsgarantie verlangen. Stabile Befestigung verlängert die Nutzungsdauer.

Verglasung und Folien 47

Zusätzlicher Winterschutz durch Folie senkt die Heizkosten.

Durch spezielle Halterungen wird die Noppenfolie direkt am Glas befestigt.

spezielle Halterungen, (teilweise mit Abstandshalterungen) entwickelt.
Isolierfolien werden nur in der Heizperiode benötigt. Entfernt man die Folien im Sommer, halten sie viele Jahre. Man muss sie lediglich dunkel lagern.
Da Folien andere Oberflächeneigenschaften haben als zum Beispiel Glas, kondensiert Luftfeuchte am Gewächshausdach in Tropfenform. Diese feinen Tröpfchen reflektieren einen Teil des einfallenden Sonnenlichtes und können stellenweise zu starkem Tropfenfall in die Kultur führen. Diese Erscheinung ist unerwünscht und wird durch den Einsatz einer Antitau- oder NO-DROP-Folie verringert.

PVC-Folien (Polyvinylchlorid)

Sie wären eigentlich die idealen Folien für Gewächshäuser, weil sie langwellige (Wärme-)-Strahlen nicht passieren lassen. Zwar kann UV-Licht nur bedingt eindringen, doch wachsen viele Pflanzen hervorragend, vor allem einige Gemüsearten. Leider lassen sich diese Folien nur schwer entsorgen. Deshalb bemühen sich die Hersteller, einen Kreislauf durch Wiederverwendung zu erreichen. Umweltbewusste Hobbygärtner sollten dennoch so lange auf den Einsatz verzichten, bis diese sicher wiederverwertet werden können.

Mein Rat

Alle Folien müssen möglichst windfest angebracht werden. Scheuerstellen unbedingt vermeiden, denn sie bilden die ersten Bruchstellen. An gefährdeten Punkten kann man vorbeugend zusätzliche Folienstücke zur Verstärkung befestigen. Straffes Spannen und eventuell großflächiges Eingraben verbessern die Stabilität des Gewächshauses.

Fenster und Türen

In einer »bedachten« Hülle, der Grundausführung des Gewächshauses, lassen sich zwar Pflanzen pflegen, richtig Spaß macht die Gewächshausgärtnerei aber erst mit dem richtigen Zubehör!
Mindestens 20 % der Gesamtglasfläche eines Gewächshauses sollten der Lüftung dienen. Dazu gehören auch Türen und Fenster. Dass sie stabil sind und dicht schließen, sollte man an einem Musterhaus ausprobieren.

Fenster

Bei Aluminiumhäusern werden die Fenster in den First geschoben, so sind sie gut gesichert. Wenn dann noch eine ausreichende Seitenverkleidung, eine Gummidichtung und eine solide Öffnungsstange vorhanden sind, kann man schon zufrieden sein.
Automatische Fensteröffner, die ab einer eingestellten Temperatur die Lüftungsfenster öffnen, sollten in keinem Gewächshaus fehlen. Man muss ja nicht gleich alle Fenster damit ausrüsten, um bei Bedarf auch noch von Hand lüften zu können. (Wichtig in der Übergangszeit!) Die Fensteröffner funktionieren stromlos mit einer Metallfeder oder einem mit Spezialöl gefüllten Zylinder. Feder oder Öl dehnen sich bei Wärme aus und heben so das Fenster an. Eine andere Feder zieht das Fenster bei Abkühlung zurück.

Türen

Türen müssen neben einer stabilen Ausführung in jedem Fall Karrenbreite haben, also mindestens 70 cm breit sein. Um Pflanzen zu transportieren oder den Boden auszutauschen, muss man eine Schubkarre bequem bewegen können. Nicht geeignet sind Glastü-

Automatische Fensteröffner; nach dem »schwierigen« und richtigen Einbau arbeiten sie zuverlässig. Eventuell im Winter entfernen.

ren, schon wegen der Verletzungsgefahr. Ob man Gewächshaustüren mit einem Schloss sichert, bleibt dem Besitzer überlassen. Einbruchssicher ist ein Gewächshaus damit ohnehin nicht.

Schiebetüren

Diese Türen sparen viel Platz, weil sie außen am Gewächshaus entlanggeschoben werden.

Mein Rat

Um Kältebrücken zu vermeiden, isoliert man Stahl- und Aluminiumtüren am besten zusätzlich. Isolierende Styroporplatten lassen sich mit Spezialklebern gut an Metall- oder Kunststofftüren befestigen.

Die Doppelschiebetür bietet optimalen Zugang zum Gewächshaus. Daneben Solarfeld für den Betrieb einer Bodenheizung.

Eine karrenbreite Tür erleichtert die Arbeit im Gewächshaus. Wichtig beim Bodenaustausch im Gemüseanbau.

Mein Rat

Aus Sicherheitsgründen sollten alle Drehtüren mit Kunststoff-, Acryl- oder Polycarbonatplatten ausgerüstet werden. Um zu verhindern, dass Wind die Tür bewegt und der Türgriff gegen die Gewächshauswand schlägt, wird ein Türstopper angebracht.

Man findet sie häufig bei kleinen Modellen. Leider sind sie in aller Regel recht schmal, so dass man mit der Karre nicht hindurchkommt. Karrenbreite erreichen sie häufig erst als Doppelschiebetür.

Abgedichtet werden die Schiebetüren mit einer Bürstendichtung. Wird der Einbau sorgfältig vorgenommen, dann schließen sie auch. Allerdings führen schon kleinste Abweichungen im Fundament, ungenauer Einbau und spätere Benutzung schnell zu Verwerfungen und damit zu Undichtigkeit. Unangenehm ist es auch bei beheizten Häusern, wenn die »nassen« Bürstendichtungen am Rahmen anfrieren: Dann lässt sich die Tür nämlich nicht mehr öffnen. Daher Bürstendichtungen wie auch Gummidichtungen an Türen und Fenstern mit Talkumpuder behandeln.

Drehtüren (Flügeltüren)

Sie sollten immer mit einer Vollgummidichtung eingepasst werden. Feuchtigkeit zwischen Rahmen und Türelement kann sonst im Winter gefrieren, dann lässt sich die Tür nicht mehr öffnen. Behandelt man die Dichtung wie bei Autotüren, mit Talkum oder Glyzerin, ist der Zugang gesichert. Schaumgummidichtungen, die sich leicht mit Wasser voll saugen, haben sich für Gewächshäuser nicht bewährt. Einige Hersteller bieten sogenannte Halbtüren, in Norddeutschland auch als Klöntüren bekannt. Der geschlossene untere Teil soll Haustiere oder Kleinkinder aus dem Gewächshaus fernhalten, während der obere – geöffnet – der zusätzlichen Lüftung dient.

Innenausstattung

Beim Kauf eines Gewächshauses wird man mit einer reichhaltigen Palette an Zubehör konfrontiert. Deshalb sollte man sich rechtzeitig überlegen, was man wirklich braucht. Ob Lüftungsautomaten, Schattierung, Ventilatoren oder Zusatzbelichtung sinnvoll sind, hängt von der jeweiligen Pflanzenkultur ab. Viel Zubehör ist kein Garant für Erfolg.

Tische

Die Auswahl an Kultur-, Hänge- und Arbeitstischen ist riesig. Wichtig ist vor allem eine stabile, ausreichend belastbare Ausführung, da man darauf Töpfe und Kisten abstellt, die durch Erde, Pflanzen und Wasser schwer sind. **Kulturtische** mit weniger als 60 cm und solche mit mehr als 100 cm Tiefe sind für ein Kleingewächshaus kaum geeignet. Bei Ersteren bleibt zu viel ungenutzter Raum, bei den zweiten kann man die hinten aufgestellten Pflanzen nicht mehr sehen und nicht pflegen. Ob **Gitter- oder Plattenauflagen** für die Tische gewählt werden, ist von der Kultur abhängig. Platten müssen aus wasserbeständigem Material sein. Gitter aus Holz, Aluminium oder Stahl haben den Vorteil, dass viel Luft an die Pflanzen gelangt und das Wasser ungehindert ablaufen kann.

Im Frühjahr wird jeder Tisch für Aussaatgefäße genutzt. Später kann man Sommerblumen kultivieren oder Kübelpflanzen anziehen und später überwintern.

Vermehrungsbeet mit Bodenheizung. Zusätzliche Wärme für kleine Pflanzen.

Hängetische werden in der Regel mit Gitter, Glas oder Kunststoffplatten belegt. Das ist besonders dann von Vorteil, wenn sie zeitweilig nicht genutzt werden. Licht kann dann nämlich auch an die weiter unten kultivierten Pflanzen gelangen.

Arbeitstische sollten eine mindestens 20 cm hohe Umrandung haben, damit die Erde beim Umtopfen nicht herunterfallen kann. Im Arbeitstisch kann man auch Fächer für Etiketten, Etikettenstift, Feinsieb, Bodenthermometer und Andrückbrettchen unterbringen.
Für kleinere Häuser genügt ein mobiler Arbeitstisch oder eine Pflanzwanne. Tische mit

Manche Kulturen (Gemüse) kultiviert man besser direkt im Boden (Bankbeet). Jungpflanzen und Stecklinge bevorzugen im Winter einen Hängetisch nah am Glas.

Innenausstattung 53

Ob Gurken, Flächengemüse oder Blumenanzucht – mit solchen Kunststoffplatten lassen sich Wege leicht »verlegen«.

Holzfliesen halten den Boden offen, wichtig zur Regulierung der Luftfeuchte. Jedoch ist Vorsicht angebracht, Rutschgefahr.

Pflanzwannen müssen allerdings besonders stabil sein.

Wege im Gewächshaus

Wege müssen tritt- und rutschfest und immer leicht zu reinigen sein. Verlegt werden sie mit leichtem Gefälle.
Die Breite sollte im Kleingewächshaus mindestens 50 cm, aber nicht mehr als 60 cm betragen. Ein schmaler Weg wäre nicht zu betreten, ein breiterer Platzverschwendung. Die einfachste Lösung sind Betonplatten in einem Kies-Sand-Bett. Gut eignen sich auch rutschfeste Platten aus recyceltem Kunststoff oder Gummiplatten. Sie sind leicht zu verlegen, gut zu bearbeiten und wenn notwendig beweglich, was besonders bei Bankbeeten vorteilhaft ist.

Mein Rat

Niemals den gesamten Gewächshausboden mit Platten belegen. Die Pflege aller Pflanzen ist bei gewachsenem Boden leichter.

Ein Gewächshaus selber bauen?

Wenn man die Angebote in den Baumärkten und Versandhauskatalogen anschaut, lohnt es sich vom Preis her kaum noch, ein Gewächshaus selber zu bauen. Doch Bastler und Tüftler lassen sich den Eigenbau nun mal nicht nehmen.

Bastler am Werk

Gewächshäuser, die von einem Gewächshaushersteller individuell gebaut werden, gab es schon immer. Doch sie waren (und sind) teuer. Viele Hobbygärtner konnten oder wollten sich solch hohe Anschaffungskosten meist nicht leisten. Fertighausangebote gibt es andererseits erst seit knapp vierzig Jahren. So blieb früher meist nichts anderes übrig, als selbst tätig zu werden.

Bevorzugtes Grundmaterial für Eigenbauten waren zuerst ausgemusterte Fenster. Vor dem zweiten Weltkrieg baute man Häuser auch aus Frühbeetfenstern, die dann mit speziellen Stahlklammern zusammengehalten wurden. In Gartenbaubetrieben errichtete man diese »Fensterhäuser« sozusagen als

Selbstbauten sind Geschmacksache, ob mit alten Fenstern oder Kunststoffplatten. Auch ein »schönes« Gewächshaus ist aber keine Garantie für Kulturerfolge.

»Wanderhäuser« manchmal nur zeitweilig über einer Kultur.
Mit den Kunststoffen kamen dann die Folienhäuser, die zuerst wohl direkt über den Tomatenpflanzen aufgestellt wurden, die Ernte vor allem in verregneten Sommern zu retten. Im Winter garnierten dann zerrissene Folien den Garten. Ein Anblick, den die Vorstände von Kleingartenvereinen nicht lange duldeten. Und wer sich heute an solchen Eigenkonstruktionen versucht, wird damit sicher auch wenig Anklang bei seinen Nachbarn finden.

Diese Stahlbaukonstruktion wurde an den mitteleuropäischen Sonnenstand angepasst. So etwas kann man nur Selbstbauen!

Einfache Selbstbaulösungen

Handwerklich geschicktere Gärtner bewerten heute ihren Garten auch unter ästhetischen Gesichtspunkten. Ihre Eigenbauten sehen dann in der Regel schön aus und fügen sich harmonisch in ihre Umgebung ein. Wer noch wenig Erfahrung beim Selberbauen hat, sollte es zunächst einmal mit einem »**Tomatenhaus**« versuchen. Dafür gibt es im Versandhandel und in vielen Gartencentern einen Selbstbausatz aus Folie und Kunststoffverbindungselementen. Für die tragenden Teile ist Holz vorgesehen. Bis auf das Holz werden alle Teile fertig im Karton geliefert.
Das Holz muss man selbst besorgen und nach einem mitgelieferten Plan zuschneiden (lassen). Dann ist es einfach, die Holzteile mit Hilfe der Steckelemente zu verbinden. Als Einstieg in die Gewächshausgärtnerei ist dies eine brauchbare und preiswerte Lösung. Man kann auch nur die Gitterfolie erwerben und sein Tomatenhaus selbst bauen.

Material für Eigenbauten

Eigenbauten werden überwiegend aus Holz gefertigt. Nur bei ungewöhnlichen Maßen und Formen, so etwa bei Anlehngewächshäusern oder echten Solarhäusern, kann ein Selbstbau aus Stahl oder Aluminium nötig und sogar preiswerter sein als teure Sondergrößen der Hersteller. Ein ungeübter Handwerker sollte sich daran allerdings lieber nicht versuchen! Doch auch hier gibt es einen Mittelweg: Im Erwerbsgartenbau sind Sprossen

Mein Rat

Bei Verwendung alter Fenster im Selbstbau für Häuser und Kästen muss ungehinderter Wasserablauf an den Schenkeln gesichert sein. Einkerbungen am Rahmen verhindern Holzschäden.

Ein formschöner Eigenbau: Dachneigung nach Süden, beste Isolierung, Hauptnutzung zur Anzucht im Frühjahr und zur Überwinterung der Kübelpflanzen. Besonders in den USA werden Gewächshäuser individuell an die jeweilige Nutzung und an das Klima angepasst.

aus Stahl und Aluminium eingeführt, die – unabhängig vom Gewächshaushersteller – als genormte Teile von einem Vorlieferanten produziert werden. Dazu sind auch die passenden Verbindungselemente erhältlich. Manchmal sind diese Teile, z. B. die Sprossen, für kleine Häuser dann zwar überdimensioniert, aber nur so lassen sich geeignete Abdicht- und Abdeckelemente mitverwenden.

Holzarten für Eigenbauten

Geeignet sind gut abgelagerte Lärche, nordische Kiefer und Fichte, amerikanische Pitchpinie sowie Meranti und Teak aus Forstkulturen. Lärche ist unter den heimischen Nadelhölzern das schwerste und härteste und es gilt als äußerst langlebig und witterungsbeständig. Sie ist sogar unter Wasser lange haltbar und verfügt über eine natürliche Abwehr gegen Pilze und Insekten. Eigenschaften, die sie für die Verwendung im Gewächshaus besonders geeignet macht. Man verwende nur beste Qualität, also Kernholz. Äste oder Risse im Holz führen bei der extremen Belastung nämlich früher oder später zu Bruch.

Solange man Folie und andere Kunststoffe als Bedachungsmaterial einsetzt, gibt es keine statischen Probleme. Wer jedoch Isolierglas verwenden will, muss erhebliches Gewicht einrechnen (unbedingt einen Fachmann zu Rate ziehen!). Die sonst üblichen Holzverbindungen, wie das Zapfen, sind zu vermeiden. (Durch die extremen Temperaturunterschiede kommt es schnell zu Verwerfungen in der Konstruktion.) Man wähle lieber Metallwinkel und Schrauben aus korrosionsbeständigem Material. Es ist darauf zu achten, dass Wasser ungehindert abfließen kann. Der sogenannte Wasserschenkel aus dem Fensterbau dient als Vorbild. Natürlich ist auch Leimholz denkbar. Man sollte es aber mindestens dreimal mit offenporiger Holzlasur streichen. Durch die offenporige Holzlasur kann das Holz noch »atmen« damit keine Stockfäule entsteht. Bei einem Leimholz-Händler kann man sich die benötigten Grundpfosten und Querlatten auf Maß bestellen. Leimholz kann sich nicht verziehen, da es dünne geleimte einzelne Holzstücke sind. Auch der Selbstbau aus Holz sollte übrigens, um eine gute Klimaführung zu erhalten, mindestens eine Grundfläche von etwa 2 × 3 m und eine Firsthöhe von 2 m haben. Dabei muss allerdings bedacht werden, dass ab einer gewissen Größe eine Baugenehmigung – bitte bei der Kommune nachfragen – notwendig sein kann.

Auf einen Blick

- Der vorgesehene Standort sollte hell, möglichst trocken und windgeschützt sein sowie auf keinen Fall in einem »Frostloch« liegen.
- Für frei stehende Gewächshäuser ist die Ost-West-Ausrichtung ideal.
- Bauvoranfrage und Absprachen mit Nachbarn/Vermietern beugen bösen Überraschungen vor.
- Die Genehmigung von Anlehngewächshäusern kann problematischer sein als die frei stehender Häuser.
- Es gibt verschiedene Gewächshaustypen. Wägen Sie genau ab, welcher für Sie am geeignetsten ist.
- Ein fachgerechtes, gut isoliertes Fundament spart Energie und schützt zudem vor Schädlingen.
- Bei der Konstruktion haben Sie die Wahl zwischen Aluminium-, Stahl-, Holz- und Kunststoffkonstruktionen. Jede hat Vor- und Nachteile.
- Glas ist, von der Bruchgefahr einmal abgesehen, haltbarer als Kunststoffplatten oder Folie und zudem wesentlich umweltfreundlicher.

Lärchenholz im Gewächshaus verspricht lange Haltbarkeit, muss aber gepflegt werden!

Heizung, Beleuchtung und Belüftung

Bis jetzt drehte sich alles um den äußeren Rahmen, um das Gewächshaus selbst. Bevor man die weitere Innenausstattung plant, sollte man sich Gedanken zur späteren Nutzung machen, denn davon hängt zum Beispiel die Ausführung der Heizung ab.

- **Nutzung und Temperatur** 60
  Nutzungsmöglichkeiten für verschiedene Ansprüche
- **Heizung und Wärmebedarf** 61
  Energie sparen durch die richtigen Heizsysteme
- **Licht ist Leben** 66
  Optimale Lichtausbeute und Zusatzbeleuchtungen
- **Schatten und Schattierung** 68
  Wenn die Sonne zu stark scheint
- **Luft und Belüftung** 71
  Krankheiten vorbeugen

Nutzung und Temperatur

Die meisten Gewächshäuser werden für die Kultur von Gemüse, einige auch für spezielle Hobbys wie Orchideen und Kakteen oder zur Anzucht von Zierpflanzen genutzt. Manche Hobbygärtner betreiben auch »echte« Zucht von Pflanzen, also die Verbesserung oder Schaffung neuer Arten und Sorten. Für die verschiedenen Nutzungsmöglichkeiten sind unterschiedliche Temperaturbereiche nötig.

Das ungeheizte Haus
Die Nutzung ist ausschließlich auf die frostfreien Monate beschränkt.

Die Nutzung mit Tomaten oder Gurken kann im unbeheizten Gewächshaus erst spät beginnen, etwa (nach Großwetterlage) ab Anfang Mai.

Das zeitweise beheizte Haus
Dies ist ein Gewächshaus, das beispielsweise nur im März und April erwärmt wird. Hier muss noch nicht einmal eine Heizung vorhanden sein, es kann auch eine Packung aus Mist oder Laub eingesetzt werden (siehe S. 105). Einfacher ist natürlich eine Heizung. Gewächshäuser, die ab März/April der Anzucht dienen, müssen bei uns über eine Wärmequelle verfügen. Man kann zunächst nur einen Teil des Hauses beheizen und mit einer Luftpolsterfolie abtrennen.

Das ganzjährig frostfrei gehaltene Haus (Kalthaus)
Es wird vorwiegend zur Überwinterung von Kübelpflanzen genutzt. Allerdings fühlen sich hier nicht alle Kübelpflanzen wohl – Zitronen oder Orangen beispielsweise verlangen etwas mehr Wärme.

Das temperierte Haus
Hier sorgt man im Winter für Temperaturen zwischen 12 und 14 °C. Nachts kann die Temperatur um 3 °C abfallen.

Das Warmhaus
Tropische Pflanzen und exotische Gemüse brauchen das ganze Jahr über Wärme. Nötig sind Temperaturen zwischen 18 und 21 °C, in der Nacht reichen 3 °C weniger.

Heizung und Wärmebedarf

Wer sein Gewächshaus optimal nutzen will, muss heizen. Das muss aber keineswegs ganzjährig geschehen, schon zwei bis drei Monate Heizung verlängern das Gartenjahr im Gewächshaus auf zehn Monate. Tropische Pflanzen wie Orchideen erfordern natürlich eine ganzjährige Beheizung. Allerdings sollten nur gut isolierte Gewächshäuser beheizt werden. Entweder Isolierglas oder mindestens Stegdoppelplatten ab 16 mm Stärke verwenden.

Wärmebedarf berechnen

Um die Heizung richtig auswählen und einsetzen zu können, muss man den Wärmebedarf kennen. Dieser richtet sich nach der kultivierten Pflanzenart und muss für jedes Haus individuell errechnet werden. Dazu sind in der Regel jedoch keine mathematischen Kenntnisse erforderlich, denn die Gewächshaushersteller können solche Werte für ihre Häuser benennen. Man sollte diese Leistung in jedem Fall in Anspruch nehmen, auch wenn man zunächst noch nicht an eine Heizung denkt. Man kann den Bedarf aber auch selbst errechnen.

Beispielrechnung

Unser Musterhaus hat eine Breite von 2,64 m, die Länge beträgt 3,87 m, die Firsthöhe 2,35 m, die Seitenhöhe 1,65 m.
Es hat also eine Grundfläche von 10,21 m². Die Bedachungsfläche beträgt etwa 32,06 m² (einschließlich Konstruktion). Das Haus kann

Ofenheizung im Gewächshaus – eine gute Lösung für die Übergangszeit.

mit Stegdoppelplatten (Stärke 16 mm) oder 4-mm-Glas und zusätzlicher Luftpolsterfolien-Isolierung geliefert werden. In beiden Fällen beträgt der K-Wert 2,98. Dieser Wert ist die sogenannte Wärmedurchgangszahl, mit der nun weitergerechnet wird. Dazu braucht man zwei weitere Daten, und zwar die Differenz zwischen der niedrigsten durchschnittlichen Außentemperatur und der gewünschten Innentemperatur. Geht man von einer Außentemperatur von −15 °C und einer Innentemperatur von 10 °C aus, ergibt dies 25 °C. Nun muss man nur diese drei Zahlen miteinander multiplizieren.

Formel für den Wärmebedarf

Glasfläche mal Temperaturdifferenz mal Wärmedurchgangszahl ergibt den Wärmebe-

Mein Rat

Wird die Heizung mit an die Wohnhausversorgung angeschlossen, muss bei Niedertemperaturkesseln daran gedacht werden, dass ein Gewächshaus vor allem nachts Wärme benötigt. Eine eigene Umwälzpumpe und die Vorrangschaltung des Gewächshauses sind vorzusehen. Lassen Sie sich vom Fachmann beraten!

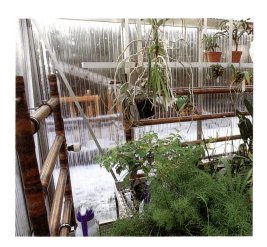

Warmwasser-Rohrheizung in einem Orchideenhaus. Der große Rohrquerschnitt verteilt die Wärme gleichmäßig.

darf in Kilokalorien pro Stunde, in unserem Falle also: 32,5 m² (aufgerundet) × 25 °C × 2,98 K-Wert = 2429 kcal/h.
Da meistens die Watt- bzw. Kilowattleistung der Heizgeräte angegeben ist, muss der errechnete Wert noch angepasst werden.
Die Wattzahl errechnet sich wie folgt:
1 W = 0,86 kcal/h, also 2429 × 0,86 = 2088. Für die Beheizung des oben genannten Musterhauses benötigt man also Geräte mit der Leistung von mindestens 2088 Watt.

Heizungstypen

Für Gewächshäuser ist die Warmwasserrohrheizung optimal, egal mit welcher Energie sie betrieben wird. Rohre verteilen einfach die Wärme im Haus am besten.

Warmwasserheizung

Hier gilt: Je größer Rohrquerschnitt und Wassermenge und je geringer die Fließgeschwindigkeit, desto besser. Pflanzen bevorzugen nämlich langsame Wärmeverteilung und die niedrige Abgabetemperatur am Rohr. Betrieben werden können Warmwasserheizungen von der Hausheizung aus, aber auch direkt durch Elektro- oder Gasthermen.

Bodenheizungen

Bodenwärme fördert das Pflanzenwachstum, dies ist besonders bei der Vermehrung wichtig. Mit Heizmatten, Energiesparmatten oder Heizkabeln wird die Wärme direkt an die Pflanzenwurzeln gebracht. So vertragen Pflanzen auch kühlere Lufttemperatur.
Bei einer sogenannten **Vegetationsheizung** werden wasserbefüllte Kunststoffschläuche eingesetzt, die am Tage durch die Sonne oder elektrisch betriebene Heizungen erwärmt werden. Diese bestehen aus Warmwasserauf-

Heizung und Wärmebedarf 63

bereiter, Umwälzpumpe und Kunststoffschläuchen. Eine solche Heizung ist sparsam und schnell zu verlegen. Die Schläuche, durch die das erwärmte Wasser fließt, liegen zwischen den Pflanzen und geben so die Wärme in die direkte Umgebung der Kulturen ab. Bei der Vegetationsheizung und bei Heizmatten sollte der Boden nach unten mit Polystyrolplatten nicht unter 30 mm Stärke isoliert werden.

Elektrische Gebläseheizung

Diese Heizer werden wohl am häufigsten verwendet. Beim Kauf muss man unbedingt darauf achten, dass die Geräte alle Sicherheitsvorschriften erfüllen (siehe »Sicherheitsvorschriften«, Seite 21).
Am besten geeignet sind Geräte, die unmissverständlich als Gewächshausheizungen deklariert sind. Sie werden aus korrosionsfreiem Material gefertigt. Außerdem sind sie genau regelbar, sie heizen zunächst nur mit einem Heizwendel und einer sehr langsamen Gebläsestufe. Erst wenn die Temperatur 3 °C unter

Gewächshausgebläseheizung, korrosionssicher aus Edelstahl mit thermostatischer Regelung. Im Sommer auch als Ventilator einsetzbar. Günstig im Verbrauch.

das eingestellte Soll fällt, wird die volle Leistung zugeschaltet.
Da man Gebläseheizungen nicht ganzjährig betreibt, kann es bei manchen Geräten in der Feuchtigkeit des Gewächshauses zu Korrosion des Ventilators kommen. Wenn nach der langen Sommer- oder Winterruhe geheizt wer-

Beta Solarheizung: Wasser gefüllte schwarze Folienschläuche – eine preiswerte effektive Heizung.

Mein Rat

Bei allen Heizungen sollte eine Nachtabsenkung der Temperatur über eine Fotozelle gesteuert werden. Außerdem gehört ein Frostwarngerät (im Fachhandel erhältlich) zur Grundausstattung eines jeden Gewächshauses. Es warnt vor Untertemperatur und Stromausfall.

den soll, versagt dann das Gebläse, und die Heizbrennstäbe verschmoren. Die Gefahr eines Feuers ist dann nicht auszuschließen! Nicht benutzte Geräte also in trockenen Räumen einlagern!

Ein Nachteil aller Geräte ist, dass die erwärmte Luft gegen die kalten Flächen bewegt wird und ständig erneuert werden muss. Hier sollen Umluftheizungen helfen, bei denen erwärmte Luft oben im Giebel eingesaugt und nach unten geführt wird. Im Sommer kann die warme Luft auch nach außen abgeleitet werden. Und das Gerät dient der Kühlung.

Gasheizung

Diese Heizgeräte haben heute einen hohen technischen Standard erreicht, sowohl in der Steuerung als auch in der Sicherheit. Außerdem werden über 99 % der eingesetzten Energie zu Wärme. Die offene Flamme verbraucht Sauerstoff, es entstehen keine giftigen Gase im Gewächshaus. Lediglich die CO_2-Konzentration erhöht sich – eine positive Wirkung zur Wachstumsverbesserung. Blütenpflanzen können durch CO_2 allerdings geschädigt werden. Wer also überwiegend blühende Pflanzen in seinem Gewächshaus kultivieren will, muss eine Abgasvorrichtung installieren, wie sie zu allen Geräten angeboten wird.

Die Leistung der Geräte liegt zwischen 2 000 und 4 000 Watt. Werden Geräte ohne Abgasvorrichtung verwendet, muss eine externe Sauerstoffzufuhr sichergestellt sein. Obwohl alle Geräte mit einer Sauerstoffmangelsicherung ausgerüstet sein müssen, sollte man sie trotzdem regelmäßig kontrollieren, vor allem in solchen Gewächshäusern, die nur wenig beheizt werden.

Gas ist ein sicherer und zudem recht preisgünstiger Energielieferant, sofern die Bevorratung nicht mit kleinen Flüssiggasflaschen betrieben wird. Für größere Häuser mit ganzjährigem Heizbetrieb sind Gastanks ab 2 000 Liter Größe oder Erdgas Voraussetzung.

Katalysator-Gasheizung mit zwei Flaschen und einer Duomatik-Regelung.

Öl- und Kohleöfen

Hier erwärmen Schalenbrenner die Luft direkt. Je nach Vorratsbehälter erfordern sie mehr oder weniger kurze Wartungszeiten. Sie müssen so aufgestellt werden, dass sich die Wärme gleichmäßig verteilt.

Energiesparen

So halten Sie die Heizkosten für ein Kleingewächshaus möglichst niedrig: Bei **Warmwasserheizungen** (siehe Seite 62) sollten schon die Zuleitungen vom Heizkessel zum Kleingewächshaus (Vor- und Rücklauf) optimal isoliert werden. Sind sie es nicht, entstehen erhebliche Wärmeverluste. Bis zu 10 Prozent Heizenergie lässt sich einsparen, wenn man die den Glasaußenflächen zugewandten Heizrohre mit Aluminiumbronze streicht oder Aluminiumklebefolienstreifen aufklebt, die die Wärmeabstrahlung mindern. Um eine ausreichende Wärmeabgabe in das Gewächshaus zu gewährleisten, sollten die nach innen gerichteten Heizrohrflächen mit weißem Heizkörperlack gestrichen werden.

Rund 20 Prozent Energie wird mit einer **Bodenheizung** bzw. **Vegetationsheizung** (siehe Seite 62) eingespart, weil die Raumtemperatur niedrig gehalten werden kann. Auch **Wärmedämmung** hilft sparen: Schließt man eine Schattierung im Gewächshaus über Nacht, liegt die Energieeinsparung immerhin bei etwa 20 %.

Styroporplatten, 4 bis 5 cm stark, an der Nordseite (Giebelseite) angebracht, helfen ebenfalls sparen. Aber auch die Steinwände können, soweit sie aus pflanzenbaulichen Gründen nicht lichtdurchlässig sein müssen, mit Styroporplatten verkleidet werden, und zwar bis etwa zur Höhe der Tische. Werden an den Innenseiten des Fundamentes Styropor- oder andere Dämmplatten angebracht (bis 30/40 cm in den Boden), verringert das den Wärmeverlust nachhaltig.

Die wichtigste Maßnahme zur Energieeinsparung ist jedoch die schon mehrfach erwähnte **Noppen-** oder **Luftpolsterfolie** (siehe Seite 46), mit der sich rund 40 % der Gesamtheizkosten einsparen lassen. Dazu muss sie

Nur gut isolierte Gewächshäuser sollten ganzjährig beheizt werden. Eine Kosten-Nutzen-Rechnung geht trotzdem nicht auf. Allerdings: Freude kann man nicht berechnen.

allerdings fachgerecht angebracht werden. Mit sogenannten Abstandshaltern, die es als Befestigungs- und Distanzelemente zum Kleben, Anschrauben und Einschieben, auch in Aluminiumsprossen gibt, ist das kein Problem. Einfache Gewächshausfolie innen im Gewächshaus, und zwar an den Dachflächen, Steh- und Giebelwänden angebracht, bringt immerhin bis zu 25 % Wärmeeinsparung.

Um Sprossen als **Kältebrücken** auszuschalten, deckt man sie am besten mit zusätzlichen Gummiprofilen ab (siehe Seite 43), die man bei Zulieferern aus dem Erwerbsgartenbau erhält. Undichte Stellen an Luftklappen, Türen, Rinnen gehören selbstverständlich abgedichtet.

Darüber hinaus lassen sich durch Absenkung der Temperatur in der Nacht rund 10 % Heizkosten einsparen.

Licht ist Leben

Ein guter Hobbygärtner tut alles, um Licht für die Pflanzen ins Gewächshaus zu bringen. Und doch reicht es manchmal nicht aus. Ein andermal dagegen ist es zu viel des Guten.

Lichtmenge und Wachstum

Jedes Jahr kann man aufs Neue beobachten, wie die Lichtmenge das Wachstum der Pflanzen steuert. Mit zunehmendem Licht »erwachen« die Pflanzen im Frühjahr aus der lichtarmen Ruhezeit, und das Wachstum setzt ein. Den Gipfelpunkt erreichen sie im hellen Licht des Sommers. Im Herbst, bei sinkender Lichtmenge, kommt es schließlich zur Reife, zur Bildung von Speicherstoffen und Samen. Der Lichtbedarf der einzelnen Pflanzen ist jedoch unterschiedlich. Blumenkohl beispielsweise braucht viel weniger Licht als Tomaten, Kakteen benötigen mehr als Bromelien.

Zusatzbeleuchtung

Manche Pflanzen lassen sich im Winter mit Zusatzlicht zum Blühen bringen, etwa das Usambaraveilchen. Bei **Jungpflanzen** lässt sich durch Zusatzbeleuchtung das Wachstum steigern. Sogar Samen keimen schneller, und Stecklinge bewurzeln ergiebiger und rascher mit Zusatzlicht.

Da Pflanzen nur einen Teil der Lichtstrahlen des Spektrums benötigen, wurden spezielle Pflanzen- oder Wachstumslampen entwickelt. Im Gewächshaus leisten sie gute Dienste. Wer nicht irgendeine Lampe über seine Pflanzen hängen will, sollte sich ein wenig mit der **Beleuchtungsstärke** beschäftigen. Sie wird in Lux gemessen. 1 Lux entspricht 1 Lumen, abgekürzt lm, das ist der Lichtstrom einer Lampe, der auf eine Flächeneinheit fällt:
$1 \text{ lm/m}^2 = 1 \text{ Lux}$.

Nun haben Lampen nur einen sehr beschränkten Wirkungsgrad. Man rechnet mit dem Fak-

Spezielle Pflanzenlampen liefern nur das für Pflanzen wichtige Lichtspektrum. Damit nutzt man ihre Energie besser.

tor 0,1, also ist nur 1/10 wirklich nutzbar. Reflektoren verbessern den Wirkungsgrad auf 0,5. In der Praxis rechnet man (wegen Verschmutzung) mit einem Wirkungsgrad von 0,4. Für wirkungsvolles Zusatzlicht werden mindestens 2 000 Lux benötigt. Dies erreicht man bei Verwendung von **Speziallampen** mit etwa 120 bis 200 Watt pro Quadratmeter.

Auch Reinigung bringt Licht

Damit ungehindert Licht ins Haus kommt, müssen alle Glasflächen des Daches und der Wände von Zeit zu Zeit gereinigt werden. Schattierfarbe, aber auch der ganz normale Schmutz, Staub oder Algen müssen von innen wie außen entfernt werden. Meist genügt klares, warmes Wasser. Anderenfalls kann man Farbe oder Schmutz auch mit einer milden Seifenlauge vom Glas oder Kunststoff lösen. Auf gar keinen Fall dürfen ätzende, scharfe Reinigungsmittel verwendet werden; sie gelangen leicht in den Boden und schädigen dort die Pflanzen. Außerdem können sie Kunststoffe, Gummidichtungen oder das Aluminium angreifen.
Die Reinigung im Innern des Hauses erfolgt mechanisch mit Bürste, Schwamm oder mit einem der sehr praktischen Hochdruckreiniger. Bei größeren Gewächshäusern ist das nicht gerade wenig Arbeit.
Weniger Kraftaufwand ist für die **Desinfektion** nötig. Geeignet sind Mittel wie Physan und Neochinosol oder das rein biologische Mittel Armillatox aus Rizinusölseife und pflanzlichen Phenolen. Es wirkt gegen Pilzsporen, Moos,

Die mechanische Reinigung mit Wasser und Bürste im Herbst verbessert die Wachstumsbedingungen im Winter.

Algen, Insektengelege und verschiedene Krankheitskeime.
Einige Schädlinge der Vorkultur haben sich jedoch möglicherweise schon in den Boden zurückgezogen, um dort zu überwintern. Dies können selbst die oben genannten Mittel nie ganz verhindern.

Mein Rat

Die Dauer einer Zusatzbeleuchtung hängt von den Pflanzen ab, sollte aber nicht über 15 Stunden liegen.

Schatten und Schattierung

Wo Licht ist, muss auch Schatten sein, denn wenn im Sommer zu viel Licht in das Gewächshaus kommt, reagieren viele Pflanzen mit Wachstumsstillstand, manche Arten gehen sogar ganz ein, oder verbrennen. Vor allem Wärme liebende Pflanzen wie Palmen, Bromelien, Begonien und die meisten Orchideen brauchen dann Schatten. Ein erster Hinweis für zu viel Licht ist die Rotfärbung der Blätter. Man kann von außen oder von innen für Schatten sorgen.

Außenschattierung

Sie hat den Vorteil, dass sich das Gewächshaus gar nicht erst aufheizt. Sie muss dem Wind standhalten, darf aber die Lüftung nicht behindern. Es gibt verschiedene Möglichkeiten zur Außenschattierung:

Schattierfarbe: Sie wird von außen auf die Scheiben gestrichen und lässt sich mit Schwamm und Bürste auch leicht wieder abwaschen. Auch der Regen spült sie im Laufe mehrerer Wochen ab.

Schattierleinen: Mit speziellen Halterungen, die es im Gartenfachhandel zu kaufen gibt, kann man Schattierleinen problemlos innen oder außen befestigen. Auch hierbei dürfen die Lüftungsöffnungen nicht behindert oder verdeckt werden.

Rohrgeflecht oder Kunststoffmatten sind eine weitere, recht einfache Möglichkeit für eine Außenschattierung.

Bewegliche Schattierungen: Hier hat man die Wahl zwischen verschiedenen schlichten Rollos, die per Zugseil von Hand bedient werden,

Außenschattierung mit beweglichem Rohrgeflecht in einer speziellen Halterung.

Schattiergewebe aus Kunststoff muss windfest angebracht werden. Neben dem grünen Gewebe werden orange und weiß gefärbte angeboten. Sie sind günstiger für das Pflanzenwachstum.

Schatten und Schattierung

Eine »lebende« Außenschattierung (hier mit Wildem Wein, *Parthenocissus*) verhindert Sonnenbrand im Gewächshaus. Trotzdem muss man vielleicht im Frühjahr zunächst noch zusätzlich schattieren.

und Modellen mit »motorisierten« Schattierungen. Letztere werden in Leitschienen geführt. Manche Anlagen sind sogar mit Luxmeter oder Fotozelle und einem Windmesser ausgestattet, die bei Bedarf die Schattierung automatisch bewegen.

Innenschattierung

Für kleine Bereiche genügt oft schon ein Bogen Zeitungs- oder Seidenpapier oder eine alte Tüllgardine. Man kann sie ohne Aufwand über eine Saatschale oder gerade frisch ausgepflanzte Gemüse- oder Zierpflanzen legen.

Bei größeren Flächen oder einem großen – oder hohen – Pflanzenbestand ist von einer Innenschattierung abzuraten.

Mein Rat

Außenschattierungen müssen in der Statik vom Gewächshaus verkraftet werden. Theoretisch sollen sie sogar mit einer Schneelast fertig werden, auf jeden Fall mit Sturm. Nur wenige Gewächshaushersteller bieten deshalb solche Anlagen. Ein Hinweis auf die Qualität eines Hauses!

Pflanzen zur Innenschattierung

Deutscher Name	Botanischer Name	Wärmebedarf	Besonderheiten
Leuchterblume	*Ceropegia sandersonii*	Kalthaus	viel Frischluft, lehmige Erde, Stecklinge im zeitigen Frühjahr bewurzeln
Klimme	*Cissus antarctica* *Cissus rhombifolia*	Kalthaus	immergrün; Vermehrung durch Stecklinge
Lapagerie	*Lapageria rosea*	Kalthaus	feuchte, kühle, luftige Umgebung, Ruhezeit ohne Ballen-Vermehrung durch Samen; immergrün
Weinrebe	*Vitis vinifera*	Kalthaus	kräftiger Rückschnitt
Wachsblume	*Hoya bella*	temperiert	Stecklinge gleich 2–3 pro Topf, immergrün
Mandeville, Dipladenie	*Mandevilla* (Syn.: *Dipladenia*)	temperiert	Stecklinge bei 22 bis 25°C, Milchsaft mit lauwarmem Wasser stoppen
Goldtrompete	*Allamanda carthartica*	Warmhaus	trotz Warmhaus Ruhezeit; Rückschnitt; Stecklinge
Pfeifenwinde	*Aristolochia grandiflora* *Aristolochia littoralis*	Warmhaus	Stecklinge, Rückschnitt, fast ganzjährig Blüten
Losbaum	*Clerodendrum splendens*	Warmhaus	Stecklinge bei 25 °C; Ruhezeit und Rückschnitt
Kletterfeige	*Ficus pumila*	Warm- und Kalthaus	Stecklinge; auf Schildläuse achten; immergrün
Thunbergie	*Thunbergia laurifolia*	Warmhaus	Stecklinge; kräftiger Rückschnitt; immergrün

Schattierung durch Pflanzen

Auch diverse Kletterpflanzen eignen sich für die Innenschattierung. Zusätzlich verbessern sie auch noch die Luftfeuchtigkeit. Manche behalten ihr Laub auch im Winter. Bei Bedarf verschafft ein kräftiger Rückschnitt dem Licht wieder Zutritt. Allerdings kann eine wachsende, lebendige Schattierung auch von Schädlingen heimgesucht werden. Abhilfe bringen eingesetzte Nützlinge wie Florfliegen oder Gallwespen (siehe Seite 87). Sogar für eine Außenschattierung sind Pflanzen geeignet, einjährige genau so wie mehrjährige. Sie sind dann nicht nur nützlich, sondern sehen auch sehr dekorativ aus.

Geeignete Pflanzen zur Außenschattierung sind z. B. Efeu (immergrün!), Hopfen, Pfaffenhütchen und Clematis (winterhart) sowie Kürbis, Luffa, Passionsblume und Glockenrebe (einjährig bzw. nicht winterhart). Sie benötigen jedoch alle eine Kletterhilfe.

Luft und Belüftung

Ein Gewächshaus wird meist über Dach- und Seitenfenster sowie die Tür belüftet. Die Lüftungsfläche muss etwa 20 % der Gesamtfläche ausmachen.

Lüften beeinflusst das gesamte Kleinklima im Gewächshaus und dient somit der Temperatursteuerung in der warmen Jahreszeit. Nur durch Lüftung werden die Pflanzen abgehärtet, was vor allem bei Jungpflanzen wichtig ist, die später ins Freiland kommen. Bevor man sie auspflanzt, sollte auch in der Nacht gelüftet werden. In der Regel wird das Lüften allerdings gegen 16.00 Uhr beendet, damit noch Wärme zur Nacht gespeichert werden kann.

Das Lüften muss so erfolgen, dass keine Zugluft entsteht beim Öffnen der Lüftungsfenster, vor allem im Winter keine kalte Luft direkt auf die Pflanzen treffen kann. Auf automatische Fensteröffner, die ab einer eingestellten Temperatur die Lüftungsfenster öffnen, sollte man keinesfalls verzichten.

In seltenen Fällen muss mit Hilfe eines Ventilators zwangsbelüftet werden. Dabei wird die Luft bei einer festgelegten Temperatur ausgetauscht. Das kann 20-mal, aber auch bis zu 50-mal in der Stunde geschehen.

Luftumwälzung

Für die Luftumwälzung benötigt man einen Ventilator mit entsprechender Leistung.
Ein Beispiel dazu: Beträgt der Rauminhalt des Gewächshauses 40 m^3 und ist eine 20-fache Luftumwälzung erwünscht, muss die Leistung des Ventilators so bemessen sein, dass er 20-mal 40 m^3, also 800 m^3 Luft umwälzen kann. In der Praxis wird man ein Gerät mit möglichst großer Leistung wählen, das sich stufenlos regulieren lässt.

Solarventilatoren sind wenig sinnvoll. Zwar reduzieren sie, richtig angebracht, im Sommer die Innentemperatur im Gewächshaus, wichtiger ist aber die Luftumwälzung in der Nacht – eben dann, wenn sich auch die Solarventilatoren »ausruhen«.

Auf einen Blick

- Verschiedene Nutzungen verlangen unterschiedliche Temperaturbereiche.
- Sollen wärmebedürftige Pflanzen überwintert werden, muss das Gewächshaus ganzjährig beheizbar sein.
- Mit Wärmedämmung lassen sich bis zu 40 % der Heizkosten sparen!
- Zur Wärmeregulierung sind Lüftung und Wärmeaustausch (Ventilatoren) nötig, vor allem bei kleinen Treibhäusern.
- Pflanzen haben unterschiedlichen Lichtbedarf. Bei manchen Arten kann man durch kontrollierte Beleuchtung sogar die Blüte steuern.
- Zu viel Licht kann das Pflanzenwachstum genauso beeinträchtigen wie zu wenig. Eine geeignete Schattierung schafft Abhilfe.

Gewächshaus-Praxis

Tropenblüte mitten im tiefsten Winter und frisches selbst gezogenes Gemüse, während es draußen noch stürmt und schneit? Für Gewächshausbesitzer kein unerfüllbarer Traum. Allerdings müssen die Bedingungen stimmen: Substrat, Luftfeuchtigkeit, Nährstoffe und Pflanzenschutz.

- **Der Boden** 74
  Bodenbearbeitung im Gewächshaus
- **Wasser und Luftfeuchtigkeit** 78
  Wasser sparen durch Bewässerungssysteme
- **Düngung im Gewächshaus** 82
  Auf die richtige Menge kommt es an
- **Pflanzenschutz im Gewächshaus** 84
  Es geht auch ohne Chemie

Der Boden

Wer Gemüse im Gewächshaus kultiviert, legt naturgemäß den größten Wert auf fruchtbaren Boden. Schließlich entscheidet die Bodenfruchtbarkeit über Erfolg oder Misserfolg bei der Ernte. Das ist im Gewächshaus genauso wie im Freiland – mit dem Unterschied, dass fruchtbarer Boden im Gewächshaus schwieriger zu erhalten ist.
Einflüsse, die im Freiland von Wind, Regen und Temperatur ausgehen, haben im Gewächshaus keine oder eine andere Wirkung. Dies zeigt sich vor allem, wenn das Gewächshaus im Winter nicht genutzt wird: Trockenheit in Verbindung mit Kälte zerstört das Bodenleben fast vollständig.

Im Frühjahr und Sommer dagegen laufen die biologischen Lebensvorgänge im Gewächshaus wesentlich schneller ab als im Freiland. Die Umsetzung sowie Aufbereitung der organischen Bestandteile und damit die schnelle Nutzung der Nährstoffe wirkt sich günstig auf das Wachstum der Pflanzen aus. Das bedeutet aber nicht, dass die Bodenpflege im Gewächshaus grundlegend von der im Freiland abweicht. Man muss auch nicht grundsätzlich auf gewohnte Anbaumethoden verzichten. Ob Bio- oder herkömmlicher Anbau, all das ist auch im Gewächshaus möglich.

Pflanzen im gewachsenen Boden

Als Kulturboden kann im Gewächshaus durchaus der natürliche, gewachsene Boden verwendet werden, solange er alle diejenigen Kriterien erfüllt, die an jeden fruchtbaren Boden gestellt werden.
Der Boden im neuen Gewächshaus darf nicht durch vorausgegangene Baumaßnahmen verdichtet sein. Guten Boden am zukünftigen Standort des Gewächshauses deshalb während der Bauphase entfernen und zwischenlagern, dabei aber wie Kompost behandeln.

Bodenbearbeitung

Vor dem Einsetzen der Kulturpflanzen wird der Unterboden wie beim Anlegen eines Beetes im Freiland bearbeitet, also zum Beispiel

Lockerer Boden beim Pflanzen erleichtert die Arbeit und beschleunigt das Wachstum. Im natürlich gewachsenen Boden lässt sich der Pflegeaufwand niedrig halten.

tiefgründig gelockert. Die Kulturschicht sollte mindestens 30 cm hoch sein. Bei sehr festem Untergrund kann sie auch höher aufgebracht sein. Eine Verbesserung des Bodens mit reifem Kompost ist auch im Gewächshaus durch nichts zu ersetzen. Optimale Kulturbedingungen schafft eine Bodenheizung im Beet. Recht einfach herzustellen und ideal für den bekannten »warmen Fuß« bei Pflanzen ist eine **Packung aus Mist, Laub oder Stroh.** Dankbar dafür sind exotische Gemüse, aber auch Gurken, Melonen und sogar Tomaten. Wie eine solche Wärmepackung gemacht wird, steht auf Seite 105.

Selbstverständlich sind alle hier genannten Maßnahmen auch für ein Frühbeet anzuwenden. Überhaupt sind die Kulturmaßnahmen fast immer gleichzusetzen.

Bodenpflege im Gewächshaus wie im Freiland, mulchen schützt vor Austrocknung.

Bodenaustausch

Beim Gemüseanbau im Gewächshaus wird der Boden im Haus sehr beansprucht. Man sollte ihn deshalb jährlich austauschen, um ihm eine Ruhepause zu gönnen. Wird das Gewächshaus auch im Winter genutzt, erfolgt der Bodenwechsel im Herbst. Bleibt das Haus den Winter über ungenutzt, wird der Bodenaustausch erst im Frühjahr vor der Neubepflanzung durchgeführt.

Der verbrauchte Boden wird mit sehr jungem Kompost, strohreichem Mist, Rinde oder Sägespäne im Verhältnis von etwa 1:2 vermischt und dann wie eine **Kompostmiete** aufgesetzt. Diese Miete ist wie richtiger Kompost zu pflegen, also vor Regen, Trockenheit usw. zu schützen. Um Unkrautsamen fernzuhalten, deckt man die Miete ab, zum Beispiel mit alten Jutesäcken, oder man mulcht mit Stroh. Nach einem Jahr erhält man einen mit viel or-

Mein Rat

Bei Wechsel im Herbst und der nachfolgenden Nutzung mit Gemüse darf der Boden nicht zu nährstoffreich sein. Besonders gefährlich ist ein zu hoher Stickstoffanteil, der sich im Wintergemüse einlagert. Evtl. den Boden mit Sand abmagern!

Bankbeete an allen Seiten in einem Haus. Solche Beete schonen den Rücken.

Beim Bodenaustausch wird der »gebrauchte« Boden lebendig gehalten. Vor Austrocknung und Wildsamen schützen!

ganischer Masse verbesserten Boden. Vor der Wiederverwendung sollte man eine Nährstoffanalyse durchführen. Abhängig von dem Ergebnis kann man dann zusätzlich düngen beziehungsweise durch Zuschlagstorfe den Boden verarmen. Werden im Verlauf der Kultur weitere Nährstoffe notwendig, wird zusätzlich gedüngt.

Sind im vergangenen Kulturjahr Krankheiten aufgetreten, zum Beispiel Nematoden, Pilz- oder Bakterienkrankheiten, muss der Boden selbstverständlich entsprechend behandelt werden, bevor man ihn wieder ins Gewächshaus bringt. Auch eine Dämpfung des Bodens ist für den Hobbygärtner möglich, seitdem es kleinere Erddämpfer gibt, die mit Gas oder Strom betrieben werden.

Vom guten fruchtbaren Boden hängt der gärtnerische Erfolg ab. Durch die extreme Beanspruchung des Bodens im Gewächshaus geht der Ab- und Umbau organischer Masse wesentlich schneller vor sich. Es muss daher stets mehr Masse als im Freiland verfügbar sein (Mulchen!).

Wurde zur Erwärmung des Bodens im Frühjahr eine Packung mit Mist oder Laub (siehe Seite 105) eingebracht, wird die Packung mit aufgesetzt. Dann sind keine weiteren organischen Zusätze nötig.

> **Mein Rat**
>
> Unbedruckte Wellpappe hat sich als Abdeckung für Kompost und Miete, aber auch direkt im Gewächshaus als Mulchmaterial bewährt.

Andere Pflanzmöglichkeiten

Bankbeete
Wie im gewachsenen Boden kann man die Pflanzen auch in sogenannten Bankbeeten frei auspflanzen. Diese leicht erhöhten Beete sind seitlich durch Platten gesichert und können über die gesamte Gewächshausbreite angelegt werden.

Kultur im Container
Manche Gemüsearten lassen sich in Containern kultivieren, andere wiederum müssen unbedingt darin gezogen werden. Schwarze Container können sich im Gewächshaus schnell erhitzen. Um dies zu verhindern, senkt man sie mindestens bis zur halben Höhe in den Boden. Für Zierpflanzen werden in der Regel Töpfe, Kübel oder Kästen verwendet. Man stellt diese Gefäße auf den Boden, auf Tische oder Hängeregale.

Mulchen im Gewächshaus

Zur Bodenpflege im Gewächshaus gehört das Mulchen. Ob Stroh, Pappe oder Folie – gemulcht wird genauso, wie man es vom Freiland her kennt. Schwarze Folie sollte man im Gewächshaus nur im Winter und im zeitigen Frühjahr verwenden, weil sie im Sommer die Bodentemperatur zu schnell erhöht, wodurch dann die organischen Bodenbestandteile zerstört werden. Im Sommer ist weiße Schlitzfolie geeignet, die zusätzlich Licht reflektiert. Mulchen schützt vor dem Austrocknen, und es schützt das Bodenleben. Die Mulchschicht ist aber auch Tagesquartier der Schnecken.

> **Mein Rat**
>
> Mulchen verbessert nicht nur den Boden, sondern erspart zusätzlich Gießarbeit. Das Bodenleben wird geschützt und entwickelt seine Tätigkeit unmittelbar an den Wurzeln.

Schwarzes Mulchpapier oder Folie nicht im Sommer verwenden, der Boden heizt sich zu stark auf.

Wasser und Luftfeuchtigkeit

Für das Bodenleben im Gewächshaus spielt die Feuchtigkeit die größte Rolle. Im Winter kann sie zu niedrig, in der Übergangszeit Herbst und Frühjahr zu hoch, im Sommer wiederum zu niedrig sein. Doch nicht nur die Menge, sondern auch die im Wasser befindlichen Stoffe sind von größter Bedeutung für die Pflanzen.

Leitungswasser

Über die Qualität des Leitungswassers gibt das örtliche Wasserwerk detaillierte Auskunft. Dabei kann man auch erfragen, ob das Wasser zu Pflanzenpflege geeignet ist. Wer Brunnen-, Teich- oder Flusswasser verwenden will, sollte es auf Eignung zur Pflanzenpflege hin untersuchen lassen.
Leitungswasser muss im Gewächshaus vor Gebrauch erwärmt werden. Zu kaltes Wasser führt – besonders bei Gurken und Tomaten, aber auch bei allen Zimmerpflanzen und Sommerblumen – zu Schädigungen.

Regenwasser

Die preiswerteste und beste Lösung, Gießwasser zu gewinnen, besteht im **Auffangen von Regenwasser**. Es enthält in der Regel wenig Salze, kann aber sauer reagieren. Für das Gießen im Gewächshaus ist Regenwasser optimal.

Regenwasserbehälter

Ausreichend große, saubere Sammelbehältnisse sind Voraussetzung für die Bevorratung von Regenwasser.
Bevor man das Wasser verwendet, sollte es grob gefiltert werden. Mindestens einmal im Jahr die Behälter gründlich reinigen. Wasser aus Sammelbehältern, die direkt im Gewächshaus stehen, hat den Vorteil, dass es an die Umgebungstemperatur angepasst ist.
Im Mittel verbraucht man im Kleingewächshaus, je nach Kultur und Witterung, in den Sommermonaten immerhin 7 Liter Wasser pro Quadratmeter und Tag. Bei einem durchschnittlichen Gewächshaus mit 18 m² sind das fast 130 Liter Wasser täglich. Trotzdem nutzen nur die wenigsten Kleingewächshausbesitzer den Regen, der sich mit Regenrinnen und einem Sammelbehälter leicht auffangen ließe (siehe Seite 35). Ein Wasseranschluss kann dadurch freilich nicht ersetzt werden. Sobald der Wasserstand im Sammelbehälter auf $1/3$ abgesunken ist, unbedingt mit Leitungs- oder Brunnenwasser auffüllen. Damit lässt sich die Leitungswasserqualität deutlich verbessern.

Automatische Bewässerung

Die einfachste Gießmethode ist die automatische Bewässerung, wie sie in vielfachen Systemen angeboten wird. Dabei unterscheidet man zwischen **Sprüh-** und **Tröpfchen-**

Wasser und Luftfeuchtigkeit 79

Automatische Bewässerung:
Mit einer automatischen Bewässerung lässt sich sparsamer wirtschaften.

1 Ob Tröpfchen- oder die sogenannte ...

2 ... Perlschlauchbewässerung, die Wassermenge lässt sich über Zeitschaltuhren,

3 Durchflussmengenregler oder Feuchtigkeitsfühler steuern.

4 Für tropische Kulturen, aber auch zur Stecklingsvermehrung werden Luftbefeuchter eingesetzt. Es werden unterschiedliche Systeme angeboten. Hochdruckanlagen sind sicher nur für wenige Liebhaber exotischer Pflanzen interessant.

Mein Rat

Durch die richtige Temperatur, die durch Lüften und Heizung beziehungsweise Luftbewegung zustande kommt, wird Pilzbefall vermieden. Ein Ventilator wirkt Wunder. Mindestens 20-mal pro Stunde sollte die Luft umgewälzt werden. Wenn Pflanzen gegossen wurden, die Temperatur aber niedrig bleibt und womöglich noch Lichtmangel z. B. durch Regen hinzukommt, sollte die Luft sogar noch öfter, bis zu 50-mal in der Stunde, umgewälzt werden. Die Pflanzen trocknen dann sehr viel besser ab.

Bewässerungssystemen. Man sollte darauf achten, dass sie immer sowohl zeitlich als auch mengenmäßig regulierbar sind. Es werden sogar spezielle Sets für Kleingewächshäuser angeboten.

Schwierig ist die Steuerung im Gewächshaus, wenn die Pflanzen sehr unterschiedlich in Art und Größe sind und/oder wenn sie in Töpfen, Kübeln oder Schalen stehen. Zudem gestaltet sich der Einbau problematisch, falls kein Stromanschluss im Haus verfügbar ist. Pumpen, die das Wasser aus dem Vorrat fördern, werden überwiegend mit Strom betrieben.

Bedeutung der Luftfeuchtigkeit

Im Gewächshaus wirkt die Luftfeuchtigkeit als Puffer für die Pflanze. Bei hohen Tagestempe-

raturen kann der Wassergehalt in der Pflanze abnehmen, auch wenn eigentlich genug Wasser im Wurzelbereich verfügbar ist. Durch die Wärme erhöht sich nämlich die Wasserabgabe (Verdunstung), wodurch die Wassertransportgeschwindigkeit einfach zu schnell wird. Die Pflanze welkt, was aber gesunden Pflanzen überhaupt nicht schadet, wenn es nur kurzfristig geschieht.

Ein Beispiel, das jeder Hobbygärtner kennt, ist die Mittagswelke, die durch die Mittagshitze verursacht wird.

Hohe Luftfeuchtigkeit verringert – wie gesagt – die Verdunstung der Pflanzen. Praktische Bedeutung bekommt dies bei Stecklingen, Sämlingen und frisch umgesetzten Pflanzen: Sie können nämlich zunächst über ihre Wurzeln kein Wasser transportieren. Eine Abdeckung der betroffenen Pflanzen, zum Beispiel mit Zeitungspapier, hält die Luftfeuchtigkeit direkt am Blatt hoch. Es verdunstet weniger Wasser aus den Spaltöffnungen, die Pflanzen werden nicht »schlaff«.

Luftfeuchtigkeit regulieren

Bei hohen Temperaturen und hoher Lichtausbeute ist auch hohe Luftfeuchtigkeit erwünscht, aber bei Kälte und nachts muss man sie regulieren. Dazu ein Beispiel: In der Nacht fehlt das Licht im unbeheizten Gewächshaus, und somit verringert sich auch die Wärme. Dadurch kann es zur Ausbreitung von Schad-Erregern kommen. Bedingt durch niedrige Blatttemperatur bildet sich Kondensationswasser auf dem Blatt. Es kann sogar passieren, dass solche Wassertropfen mit Nährsalzen aus dem Blatt versorgt werden. Damit ist eine Situation entstanden, die die Ausbreitung von Pilzsporen (Grauschimmel, Falscher Mehltau) und teilweise auch Bakterien extrem begünstigt. Man muss die Luftfeuchtigkeit also so hoch beziehungsweise so gering halten, dass Taubildung vermieden wird.

Luftfeuchtigkeit und Temperatur

Bei gut abgedichteten und isolierten Gewächshäusern ist die Luftfeuchtigkeit besonders hoch und hat damit auch Einfluss auf die Temperatur. Wärme wird im Wasserdampf gebunden und bei Kondensation wieder frei gesetzt. Wasserdampf kondensiert zuerst an der kalten Außenfläche des Gewächshauses und läuft als Wasser ab. Hohe Luftfeuchtigkeit senkt also die Temperatur. Im Winter verringert sich die Luftfeuchtigkeit automatisch durch Heizwärme.

Eine eventuell nötige Regulierung lässt sich meist ohne den Einsatz von Luftbefeuchtern oder Nebelsprühanlagen bewerkstelligen. Nur bei Orchideen, Bromelien und anderen Exoten können solche Geräte nötig werden.

Die Luft enthält Wasserdampf, je wärmer die Luft ist, desto mehr Wasserdampf kann in ihr enthalten sein. Die relative Luftfeuchtigkeit gibt an, wie viel Prozent des maximalen Wasserdampfgehaltes die Luft im Augenblick enthält. Da der maximale Wasserdampfgehalt mit steigender Temperatur ansteigt, fällt die relative Luftfeuchtigkeit mit steigender Temperatur – und umgekehrt. Geräte zur Messung der Luftfeuchtigkeit werden als Hygrometer bezeichnet.

Gewächshausgurken benötigen hohe Luftfeuchtigkeit und Wärme. Trotzdem nicht über das Blatt befeuchten.

Tropische Orchideen benötigen natürlich mehr Luftfeuchtigkeit als Kakteen.

Düngung im Gewächshaus

Über den unterschiedlichen Nährstoffbedarf der Pflanzen wird bei den einzelnen Kulturen berichtet. Wichtig zu wissen ist jedoch, dass aufgrund der intensiven Nutzung im Gewächshaus eine hohe Nährstoffverfügbarkeit erforderlich ist.

Neben der üblichen, regelmäßigen **Grunddüngung** spielt die **Kopfdüngung,** also die dem augenblicklichen Wachstumsstadium angepasste Düngung, eine größere Rolle als im Freiland. Kopfdüngung wird fast immer mit anorganischen, also sofort wirksamen Düngern durchgeführt. Vor allem bei der Blumenaufzucht ist Kopfdüngung fast unentbehrlich. Sommerblumen müssen in kurzer Zeit heranwachsen und dann eine enorme Blühleistung erbringen. Dass man im Umgang mit mineralischem Dünger (Nährsalzen) Augenmaß beweist, ist für Hobbygärtner sicher selbstverständlich. Denn hohe Salzkonzentrationen im Boden schaden ja nicht nur der Pflanze, sondern zerstören auch das Bodenleben und belasten das Grundwasser.

Der unterschiedliche Nährstoffbedarf zu unterschiedlichen Wachstumsphasen macht die Verwendung von unterschiedlichen Düngern nötig. Jungpflanzen verwerten z. B. zunächst mehr Stickstoff, weshalb hier ein stickstoffbetonter Dünger eingesetzt werden muss. Zur Blüte wählt man einen Blütendünger, der mehr Phosphor und Kali enthält. Bei Gemüse darf weder Mangel, vor allen Dingen aber kein Überschuss an Nährstoffen auftreten. Keinesfalls also nach der Devise verfahren: »Viel hilft viel.«

Kompost ist selbstverständlich auch Dünger, seine Verwendung reduziert automatisch andere Dünger. Organische Dünger vor allem bei Gemüse verwenden.

Feldsalat kann im Herbst und Winter hohe Nitratwerte haben, keinen Stickstoff düngen, nachmittags ernten.

Düngung im Gewächshaus 83

Solch eine reiche Melonenernte erhält man nur im Gewächshaus bei richtiger Düngung und Triebschnitt.

Nitrat in Gemüsepflanzen

In der Pflanze, insbesondere beim Blattgemüse, ist Nitrat ständig verfügbar, da es zu Eiweiß umgebaut wird. Zum Problem wird Nitrat erst durch überhöhte Zufuhr bzw. ungenügende Photosynthese in lichtarmen Zeiten (Winterhalbjahr).

Nitrat kann im menschlichen Körper unter bestimmten Bedingungen in Nitrit umgewandelt werden und gemeinsam mit Eiweißstoffen in der Nahrung krebserzeugende Nitrosamine bilden.

Maßnahmen gegen Nitratbelastung:
- In der lichtarmen Zeit jede zusätzliche Stickstoffdüngung vermeiden.
- Gemüse nicht zu lange lagern.
- Nur nitratarme Pflanzenteile verwenden. So sind die Stängel mehr belastet als die Blätter, weil sich Nitrat besonders in den Wasser leitenden Teilen einlagert.
- Wichtigster Punkt: Die Ernte auf den späten Nachmittag legen, da nach der lichtreichsten Phase des Tages die niedrigsten Nitratwerte vorliegen.

Mein Rat

Alle sechs Monate – wenigstens einmal in einer Kulturperiode – ist die Anwendung eines Spurennährstoffdüngers geboten.

Pflanzenschutz im Gewächshaus

Abhängig von der Ursache haben Pflanzenkrankheiten ganz unterschiedliche sichtbaren Folgen. Bei Gemüse bewirken sie z. B. eine Ertragsminderung. Man kann Blattverfärbungen, Knospen- und Blütenverlust beobachten. In schlimmen Fällen stirbt die gesamte Pflanze ab. Häufig sind es viele Faktoren, die nacheinander oder zusammen auftreten und das gesamte Wachstum der Pflanze beeinflussen. Auch im Gewächshaus bleiben Pflanzen von Krankheiten oder Schädlingen nicht verschont. Und im Schutze des (fast) geschlossenen Raumes und der idealen Bedingungen können sich Schädlinge sogar recht ungehindert vermehren oder ausbreiten.

Allerdings hat man beim Gewächshaus wiederum den Vorteil, dass man den kleinen Raum besser kontrollieren und behandeln kann als einen ganzen Garten. Wie im Freiland gilt auch im Gewächshaus die Regel: Sofortige Bekämpfung vermeidet Schäden.

Vorbeugen ist der beste Schutz

So mancher Pflegefehler rächt sich mit einer Krankheit oder fördert das Auftreten von Schädlingen. Falsche Kulturbedingungen wie Kälte, Hitze, Nässe, Trockenheit, Nährstoffmangel oder Überdüngung sind jedoch alles Faktoren, die der Gärtner selbst gut vermeiden kann.

Gelbtafeln im Gewächshaus fangen nicht nur Insekten, sondern dienen auch der Früherkennung von Schädlingsbefall.

Vorbeugende Maßnahmen
Neben der richtigen Pflege helfen einfache Maßnahmen, Pflanzenkrankheiten und einem Schädlingsbefall vorzubeugen.
Hygiene: Dazu zählt die Verwendung von sauberen Pflanzgefäßen sowie desinfizierten Scheren und Messern.
Abwehrkräfte stärken: Die natürlichen Abwehrkräfte der Pflanzen werden gestärkt durch einen lebendigen, gesunden Boden, in dem Mikroorganismen die Humusversorgung des Bodens gewährleisten und andere für die Pflanzen lebenswichtigen Aufgaben erfüllen. Eine wirksame Hilfe dabei ist das Mulchen, das die lebenden Bodenbestandteile vor Aus-

trockung und Vernässung schützt. Eine weitere Möglichkeit besteht im Einsatz von Stärkungsmitteln.

Weitere einfache Maßnahmen:

- Konkurrenzpflanzen entfernen, das heißt, zu dicht gesetzte Pflanzen auslichten und Pflanzen, die andere überwuchern, zurückschneiden oder ganz entfernen.
- Beim Einsetzen der Pflanzen den richtigen Pflanzabstand einhalten.
- Gute Belüftung und Frischluft härten die Pflanzen ab.
- Bei Gemüse Fruchtfolge und Mischkultur anwenden. Hier macht man sich den unterschiedlichen Duft sowie die Blatt- und Wurzelausscheidungen der Pflanzen zu Nutze. Auch der Anbau von Blumen und Gemüse ist eine Mischkultur.
- Optimale, an die jeweiligen Ansprüche der Pflanzen angepasste Nährstoffversorgung. Als sehr hilfreich hat sich auch der Einsatz von Bodenhilfsstoffen wie Ton und Steinmehl erwiesen.

Schädlinge vertreiben

Mit ein wenig Beharrlichkeit lassen sich viele tierische Schädlinge vertreiben – zumindest für eine Weile.

Schnecken: Unter ausgehöhlten Kartoffeln oder Holzbrettern finden sich tagsüber die Schnecken ein. Man kann sie dann leicht einsammeln und hinausbefördern.

Mäuse: In einem warmen Gewächshaus fühlen diese Nager sich besonders wohl. Akustische Reize durch Schallwellen vertreiben Mäuse und andere, größere Nager. Stellen Sie

keine Lebendfallen für Nagetiere auf. Die Tiere ängstigen sich darin im wahrsten Sinne des Wortes zu Tode. Solche Fallen sind reine Tierquälerei!

Vorbeugender Insektenschutz: Leimtafeln (Gelb- oder Blautafeln), die es im Gartenfachhandel zu kaufen gibt, helfen, kleine fliegende Insekten von den Pflanzen fernzuhalten. Hilfreich sind auch Schutznetze, die man über die Pflanzen breitet oder vor Tür und Fenster hängt.

Stärkungsmittel

Pflanzenschutzmittel sollten nur dann vorbeugend eingesetzt werden, wenn sich Entwicklungszyklen der Schadorganismen oder Befall jährlich wiederholen. Pflanzenstärkungsmittel hingegen *müssen* vorbeugend eingesetzt werden.

Viele Schadorganismen können nur in einem ganz bestimmten Entwicklungsstadium effektiv bekämpft werden und nicht dann, wenn die Schadsymptome auftreten. Es bringt nichts, Pflanzen gegen Läuse erst dann zu spritzen, wenn sich die Blätter bereits kräuseln. Vorbeugung kann spätere Spritzungen reduzieren oder sogar überflüssig machen.

Die Wirksamkeit **pflanzlicher Stärkungsmittel** wird immer wieder angezweifelt. Natürlich bieten sie nicht dieselbe Anwendungssicherheit wie chemische Pflanzenschutzmittel. Vorbeugend eingesetzt, ist ihre Wirksamkeit jedoch unbestritten. Dazu spielen Befallsdruck, Klima und Pflanzenart eine Rolle. Nur experimentierfreudige Gärtner werden dabei letztlich erfolgreich sein.

Krankheiten und Schädlinge erkennen

Manchmal ist es schon schwierig, Schadbilder richtig zu deuten, noch schwieriger aber, deren Ursachen zu erkennen. Ohne Kenntnis der Ursache ist eine gezielte und vernünftige Bekämpfung jedoch kaum möglich. Ein bisschen Fingerspitzengefühl und eine gute Beobachtungsgabe (trainierbar!) verhindern »Radikalkuren« und »Rundumschläge« bei der Bekämpfung von Pflanzenkrankheiten.
Leicht zu erkennen sind Frost- und Hitzeschäden, schwieriger wahrzunehmen sind Nährstoffmangel oder -überschuss. Immissionsschäden, zum Beispiel Ätzschäden durch Abgase der Industrie, kann meist nur ein Fachmann dignostizieren. Ob Pilze, Bakterien oder Viren den negativen Einfluss auf eine Pflanze ausüben, wird ebenfalls erst der Experte bemerken.
Etwas mehr Chancen für eine erfolgreiche Bekämpfung hat man bei Insekten. Wenn man vielleicht auch nicht gleich erkennen kann, welche Laus die Pflanze heimsucht, als Laus wird man das Insekt in der Regel dennoch identifizieren können.
Diffiziler ist es bei Milben und Nematoden. Vorsicht ist immer geboten, wenn Veränderungen, Blattaufhellungen, Fraßstellen, Blattkräuselung und Nekrosen an der Pflanze erkannt werden. Frühzeitiges Eingreifen kann den Schaden gering halten. Die Tabelle auf Seite 88–91 beschreibt die häufiger vorkom-

Gegen *Botrytis*, den Grauschimmel, kann man nur vorbeugend vorgehen und für ein kräftiges, gesundes Pflanzenwachstum sorgen.

Krautfäule wird durch warme und feuchte Bedingungen gefördert. Vorbeugen durch Regenschutz, für Frischluft sorgen.

Pflanzenschutz im Gewächshaus 87

Die Weiße Fliege ist leicht zu erkennen, aber schwer zu bekämpfen.

Spinnmilben (Rote Spinne), hier an Bohnen, werden durch Trockenheit und Wärme gefördert.

menden Schadbilder an Gewächshauspflanzen, kann aber nur als Orientierungshilfe dienen. Die meisten Gegenmaßnahmen sind leicht auszuführen, einige erfordern fachlichen Rat. Und den sollte man unbedingt einholen, bevor man durch Experimente den Schaden vergrößert.

Biologische Bekämpfungsmaßnahmen

Biologische Verfahren setzen Präparate auf der Basis von Viren, Bakterien und Pilzen oder deren Sporen ein. Eine große Wirkung erhofft man sich durch **Stärkungsmittel** aus Kräutern zum Spritzen und Gießen (siehe Seite 85). Zunehmend gewinnen auch biochemische Wirkstoffe an Bedeutung. Hier macht man sich **Lockstoffe**, vor allen Dingen Sexualpheromone, nutzbar. Nach dem Anlocken der Männchen verhindern Leimstoffe ein Entrinnen.

Inzwischen ist auch ein **Pilz gegen Pilze** zugelassen. Das neue biologische Pflanzenschutzmittel heißt Contans. Es wirkt gut gegen eine Gruppe von Pilzen, die Fäule an Salat, Gurken und Bohnen verursachen. Die Krankheitserreger können sich unter den günstigen Bedingungen im Gewächshaus gut verbreiten. Zur Zeit ist das Mittel allerdings nur gegen Fäulnis in Kopfsalat unter Glas von der Biologischen Bundesanstalt zugelassen.

Natürliche Feinde

der Schädlinge können hier schon deren Eindringen ins Gewächshaus verhindern. Vögel, Igel, Spitzmäuse, Fledermäuse und Maulwürfe vertilgen Unmengen von Schädlingen, bevor diese überhaupt ins Gewächshaus gelangen können. Diese nützlichen Tiere zu

Schadbilder an Gewächshauspflanzen

Schadbild	Mögliche Ursache	Gegenmaßnahmen
Schäden an den Blättern		
Welke Abfallen der Blätter	Wassermangel; zu viel Wasser Sauerstoffmangel im Boden Nährstoffmangel Schädlingsbefall	mehr Gießen; weniger Gießen Boden auflockern, Topfpflanzen umtopfen; düngen Schädiger ermitteln, bekämpfen.
Braun- oder Gelbfärbung	Lufttrockenheit Wassermangel	übersprühen, Luftbefeuchter gießen
glasiges Gewebe	Frost, Bakterien	keine Rettung Frischluft, Neochinosol
gelb-braune Flecken, scharf abgegrenzt	Sonnenbrand	schattieren
weiches, helles Gewebe	Lichtmangel, zu viel Wärme	mehr Licht; Temperatur absenken
buntes Laub wird gelb oder grün	Lichtmangel	mehr Licht
gelbgrüne Blattspitzen	Stickstoffmangel	Stickstoffdünger
sehr dunkelgrüne bis bläuliche Färbung	Phosphormangel – selten –	Phosphordünger, flüssig nachdüngen
Blattadern grün, junges Gewebe gelb	Eisenmangel	Eisendünger
zwischen den Blattadern ausge- dehnte gelbe Flecken; vor allem an Gurkenpflanzen mit starkem Fruchtbehang	Magnesium-Mangel	Früchte frühzeitig zur Entlastung abernten, mit einer Bodenuntersu- chung Magnesiummangel prüfen. Mangel durch Spritzungen mit einer 1,5 %-igen Magnesium-Sulfatlösung (Bittersalz) beheben. Behandlung nicht in der Sonne.
weiß-graubrauner Schimmel- rasen auf Blüten, Blättern oder Stängeln	Grauschimmel (Botrytis cinera) Schwächeparasit!	Frischluft, Wärme, Abstand, Schach- telhalmpräparate, Zugelassene che- mische Pilzbekämpfungsmittel. Besonders gefährdet sind die Pflan- zen, wenn die Luft im Gewächshaus feucht wird und in der folgenden Nacht die Temperatur stark absinkt.
Blattoberseite: flaumig-mehliger Belag selten Blattunterseite	Echter Mehltau	chemische Mittel, Wärme, Frischluft Schachtelhahn oder Knöterichpräpa- rate, vor allem aber Netzschwefel ver- wenden. Bei Konzentrationen über 0,2% sind Nützlinge gefährdet!

Pflanzenschutz im Gewächshaus   89

Schadbild	Mögliche Ursache	Gegenmaßnahmen
an älteren Blättern, fahle grau-grüne bis braune Flecken, unterschiedlicher Größe, die sich später schwärzlich verfärben. Bei Feuchtigkeit auf der Blattunterseite ein grauweißer Pilzrasen. Rasche Ausbreitung, bis zum Absterben. An den Früchten (Tomaten) entstehen braune, etwas eingesunkene runzelige harte Stellen	Kraut- bzw. Braun- oder Knollenfäule	Befallene Früchte niemals verwenden! Ausbreitung wird durch Kartoffelanbau gefördert. Sporen in der Erde. Braunfäuleresistente Sorten verwenden. Pflanzen vor Feuchtigkeit auf den Blättern schützen. Frischluft! Achseltriebe bei Tomaten und Gurken nur mit der Hand ausbrechen, nie schneiden. Desinfizierte Stäbe aus Metall oder Kunststoff verwenden. Kranke Pflanzen unverzüglich im Müll entsorgen. Fungizide mit Zulassung nach Vorschrift verwenden.
helle, verwaschene Flecken auf den Blättern, an der Blattunterseite ein fast lilabrauner Pilzrasen, nur an Tomate im Gewächshaus und unter Folie.	Samtfleckenkrankheit (Pilze)	Frischluft, Blätter trocken halten, nur am Boden gießen. Es gibt resistente Sorten Falls schon aufgetreten: Sofort die befallenen Blätter immer entsorgen (Krankheit beginnt an den untersten Blättern. Bei Tomaten sollte man die entfernen, damit kein Gießwasser an die Blätter kommt
Pflanzen zeigen an der Blattoberseite gelbe Flecken, die durch die Blattadern scharf begrenzt sind. Auf der Blattunterseite sind die Flecken hellbraun. Mit dem Fortschreiten des Befalls sterben die Blätter ab.	Falscher Mehltau	Frischluft, Blätter trocken halten, nur unten gießen; nicht zu dicht pflanzen; widerstandsfähigere Sorten verwenden. Behandlungen mit Pflanzenstärkungsmitteln sind nur vorbeugend sinnvoll, sie helfen bei sichtbarem Befall nicht mehr.
braune, schwärzliche Erhöhungen an Zier- und Kübelpflanzen, häufig an Zitrus, Orchideen und Kakteen. Daneben wollige Gespinste. Ausscheidungen sind der sogenannte Honigtau auf dem sich Rußtaupilze entwickeln.	Schildläuse und Wollläuse	Nützlinge, Raps- und Mineralöle. Mechanisches Entfernen oder eine Lösung mit Schmierseife versuchen. (In einem Liter heißen Wasser 20 g reine alkalische Schmierseife auflösen und 20 ml Spiritus beimengen.)
Honigtau, schwarzer, pelziger Belag oder Larven (ovalrund, gelb-weiß.) Beim Schütteln fliegen erwachsene Insekten auf. (Weiße Tiere!) Besonders an allen Fruchtgemüsen: Gurken, Tomaten, Bohne, Auberginen und Paprika, aber auch Zierpflanzen.	Weiße Fliege, auch als Mottenschildläuse, Schildmotten oder Schmetterlingsläuse bezeichnet und als die Folge Rußtaupilze.	Nützlinge, Raps und Mineralöle, Kaliseife. Bekämpfung der Weißen Fliege mit zugelassen chemischen Präparaten. Gelbtafeln aufhängen.

Schadbilder an Gewächshauspflanzen (Fortsetzung)

Schadbild	Mögliche Ursache	Gegenmaßnahmen
kleine helle Sprenkel zerstörtes Gewebe, Gespinst starke Gelbfärbung des gesamten Blattes	Spinnmilben Anfangsbefall mittlerer Befall starker Befall	Nützlinge, Kaliseife, Schmierseife. Zugelassene chemische Mittel. Luftfeuchte im Kleingewächshaus erhöhen (sprühen mit Wasser in der Mittagshitze) Natürliche Feinde wie Spinnen, Schlupfwespen, Florfliegen und Marienkäfer fördern.
Verkrüppelungen, Ameisen treten auf, Honigtau, Rußtaupilze, grüne, schwarze und gelbliche Tiere, je nach Nahrungsaufnahme.	Läuse	Nützlinge, Schmierseife, chemische Mittel. Wenn möglich, wie bei Salat, resistente Sorten verwenden.
Braune, durch Adern scharf begrenzte Flecken, korkige, gräuliche Gänge, gut sichtbar an Blattunterseite, evtl. Fachmann zu Rate ziehen.	Blattälchen Minierfliege	chemische Mittel Nützlinge
Rand- und Lochfraß	Schnecken	Fallen, Schneckenkorn, verschiedene Wirkstoffe. Natürliche Feinde im Garten fördern. (Igel!)
Ab Ende Mai; silbriges Gewebe längliche weiße Punkte Blattunterseite, Luft gefüllte silbrighelle Zellen, schwarze Kotflecken.	Thripse oder Blasenfuß, auch Gewitterfliegen oder Fransenflügler und ihre Eier	Nützlinge und zugelassene chemische Mittel. Blautafeln zu Abwehr und Kontrolle, schwer bekämpfbar. Intensive Bodenbearbeitung, keine Ernterückstände auf dem Boden lassen.
unregelmäßig geformte Löcher, teilweise bis auf die Blattrippen, Fraßstellen auch an Früchten, Kothäufchen.	Raupen unterschiedlicher Insekten, darunter die Raupen der Kohleule, des Großen Kohlweißlings und des Kleinen Kohlweißlings	Schutznetze an Türen und Fenster. Raupen absammeln. Vögel im Garten fördern, Nisthilfen. Zugelassene Mittel auf Basis von *Bacillus thuringiensis*.
Schäden am Spross		
Lange, helle Triebe, (geile)	Lichtmangel	anderer Standort
Faulstellen am Sprossfuß	Bakterien	Frischluft, Neochinosol
Schäden an den Blüten		
abfallende Knospen	Lichtmangel Gießfehler Luftfeuchtigkeitsmangel	mehr Licht weniger oder mehr Wasser Luftbefeuchter

Pflanzenschutz im Gewächshaus 91

Schadbild	Mögliche Ursache	Gegenmaßnahmen
Schäden an den Früchten		
Fraßstellen an meist reifen Früchten	Mäuse	Fallen und Köder.
Bei Gemüse. Gurken, Tomaten, Abstoßen von Früchte, nur kleine Fruchtansätze die werden gelb und vertrocknen; größere Früchte wachsen plötzlich nicht mehr weiter und fallen ab.	Vielfältige Ursachen, Wasser, Nährstoff- oder Lichtmangel	Die Pflanzen sind überlastet! Große erntereife Früchte zügig ernten; Seitentriebe an den Pflanzen ausbrechen; ausreichend gießen, lüften und düngen; evtl. sind die Temperaturen in der Nacht zu niedrig. Calciummangel im Wachstum. Mit einer flüssigen Calciumlösung spritzen.
Schäden an den Wurzeln		
Schwache, schleimige verdickte und braune Wurzeln.	vielfältig	Unbedingt einen Fachmann im zuständigen Pflanzenschutzamt befragen. Anschrift bei den Ordnungsämtern.

Wo Schädlinge sind, sind auch nützliche Helfer, man muss sie nur zu fördern wissen.

Eier der Nützlinge (hier Schlupfwespen) werden auf Papptäfelchen fixiert, die man in die befallenen Pflanzen hängt.

schonen und ihre Ansiedlung zu fördern, dient ebenfalls dem natürlichen Pflanzenschutz in Gewächshaus.

Einsatz von Nützlingen

Die größte Bedeutung hat der Einsatz von einheimischen und importierten Nutzorganismen – Insekten, Milben und Nematoden als natürliche Feinde der Schädlinge. Ihre Anwendung im Gewächshaus ist einfach und wirkungsvoll. Voraussetzung ist jedoch, dass die Anwendungshinweise der Nützlingszüchter ganz genau eingehalten werden. Inzwischen lassen sich mit Hilfe von Nützlingen nicht nur Blattläuse und Spinnmilben, sondern auch Schild-, Woll- und Schmierläuse sowie viele Raupen sicher vernichten.

Wo man Nützlinge bekommt

Manche Nützlingszüchter liefern die Tiere im Direktversand. Die Adressen sind in Gartenzeitschriften zu finden. Im Gartencenter kann man einen Nützlings-Bestellgutschein erwer-

Die Schlupfwespe *Encarsia formosa* legt ihre Eier gezielt in die Larven der Weißen Fliege.

ben. Nach Absendung der Bestellkarte werden die Nützlinge umgehend ausgeliefert. Die Bestellmenge muss der Gewächshausgröße und dem Befallstadium entsprechen. Genaue Beschreibungen liefern die Züchter der Nützlinge. Einige Nützlingszüchter (zum Beispiel die Firma Neudorff) sind auch bereit, individuell zu beraten, wenn man die befallenen Pflanzen (ganz oder Teile davon) einschickt. Wer sich selbst in Sachen Nützlingen und biologischer Schädlingsbekämpfung kundig machen will, kann sich im Gartenfachhandel entsprechende Informationsbroschüren besorgen.

Vorteile biologischer Verfahren

- Sie lassen sich selektiv einsetzen.
- Sie schonen bereits vorhandene Nützlinge und hinterlassen keine Rückstände. Wartezeiten sind nicht einzuhalten.
- Bei sachgerechter Anwendung wirken biologische Verfahren sehr lange. Zudem erfolgt keine Resistenzbildung bei den Schädigern. (Adressen von Nützlingslieferanten finden Sie auf Seite 139).

Chemische Schädlingsbekämpfung

Hierbei weden Stoffe eingesetzt, die für Schadorganismen giftig sind. Leider haben sie in der Regel auch bei sachgerechter Anwendung viele Nebenwirkungen. Hochgiftige Stoffe, die mit einem Totenkopf gekennzeichnet sind, sollten im Gewächshaus auf keinen Fall Anwendung finden. Eine Ausnahme bilden allenfalls Dauerkulturen wie Kakteen und Orchideen. Hier kann man manchmal nicht auf schnelle Hilfe verzichten. Anwenden sollte man die Mittel nur, wenn es unumgänglich ist. Geht es wirklich nicht anders, müssen unbedingt alle Schutzbestimmungen beachtet werden: Schutz der Bienen, des Wassers, der Fische und Algen, und nicht zuletzt der Schutz des Anwenders selbst.

Das sollten Sie beachten:

- Die vom Hersteller auf der Packung angegebene Dosierung darf in keinem Fall überschritten werden.
- Bei der Anwendung von chemischen Mitteln unbedingt Schutzkleidung und Mundschutz tragen.
- Nur sichere Spritzgeräte verwenden. Wartezeiten einhalten.
- Der Einsatz von Fungiziden (Pilzbekämpfungsmittel) schränkt den Nützlingseinsatz ein, da z. B. Vermehrung und Fraßverhalten negativ beeinflusst werden.

Mein Rat

Wer keinen freundlichen Berufsgärtner an der Hand hat, sollte sich an das zuständige Pflanzenschutzamt wenden, das es in jedem Bundesland gibt. Dort wird man fachlich beraten. Wertvolle Hinweise finden sich auch bereits im Internet. Besonders die Lehr- und Versuchsanstalten der Bundesländer haben interessante Web-Seiten.

Einsatzmöglichkeiten von Nützlingen

Schädling	Nützling	Temperaturbedingungen (Boden/Luft)
Rote Spinne (Spinnmilbe)	Raubmilbe *(Phytoseiulus persimilis)* Florfliege *(Chrysoperla carnea)*	LT mind. 18 °C
Weiße Fliege (Mottenschildlaus)	Schlupfwespe *(Encarsia formosa)*	LT mind. 20 °C
Thripse (Fransenflügler)	Raubmilbe *(Amblyseius cucumeris)* Raubwanze *(Orius*-Arten)	LT mind. 20 °C
Blattläuse	Gallmücke *(Aphidoletes aphidimyza)* Schlupfwespe *(Aphidius*-Arten) Florfliege *(Chrysoperla carnea)*	LT mind. 20 °C
Woll- und Schmierläuse	Australischer Marienkäfer *(Cryptolaemus montrouzieri)*	LT mind. 20 °C
Dickmaulrüßlerlarven	Nematoden *(Heterorhabditis*-Arten) Nematoden *(Steinernema*-Arten)	BT mind. 13 °C
Trauermückenlarven	Nematoden *(Steinernema*-Arten)	BT mind. 13 °C
Apfelwickler und Apfelschalenwickler	Schlupfwespe *(Trichogramma dendrolimi)*	LT mind. 20 °C

BT = Bodentemperatur, LT = Lufttemperatur

Nützlinge gegen Spinnmilben an Gurken ausbringen. Sie werden im Granulat geliefert.

- Die Anwendung von Insektiziden (Insektenbekämpfungsmitteln) schließt die Verwendung von Nützlingen aus.
- Vor der Anwendung chemischer Präparate im Gewächshaus sollte man immer einen Fachmann zu Rate ziehen.

Ganz wichtig: Die Mittel dürfen nur bei klar erkanntem Befall angewendet werden. Im Gartenfachhandel berät ein Fachverkäufer den Kunden, bevor das gewünschte Mittel ausgehändigt wird. Hilfreich ist, wenn man befallene Pflanzenteile oder die vorhandenen Schädlinge zum Einkauf zur Begutachtung mitnimmt. Kann der Fachmann im Gartencenter keine eindeutige »Diagnose« stellen, sollte man weiteren Rat

beim jeweils zuständigen Pflanzenschutzamt einholen.
Aber auch das Pflanzenschutzmittel kann nur helfen, wenn Schädlinge oder Pflanzenteile zur Diagnose verfügbar sind. Dabei sollte man nicht vergessen, dass jeder Einsatz chemischer Spritzmittel die Pflanze beeinträchtigt und den Ertrag dadurch eventuell mindert. Außerdem wandern Schädlinge aus umliegenden Gärten immer wieder zu. Häuser lassen sich nicht vollständig abdichten. Ein Fliegengitter an der Lüftung, ein Netz in der Tür verhindern aber schon manchen Befall.

Trotzdem ist das Gewächshaus eine »eigene Welt« – es ist dort wärmer, geschützt vor Wind und Wetter. Insekten sind wesentlich von der Temperatur abhängig. Sie finden im Gewächshaus ideale Voraussetzungen, können sich also schnell vermehren. Aus einer Laus können in einer Woche schon 100 werden, 14 Tage später können es schon 10 000 sein. Nur eine schnelle Bekämpfung ist daher erfolgreich.
Regelmäßige gewissenhafte Kontrollen im Bestand sind die wichtigsten Pflanzenschutzmaßnahmen überhaupt.

Ein Insektenschutznetz verhindert, dass Schädlinge überhaupt an Pflanzen gelangen.

Auf einen Blick

- Bei Gemüseanbau sollte man den Boden jährlich austauschen.
- Aufgefangenes Regenwasser ist das beste (und billigste!) Gießwasser.
- Wegen der intensiven Nutzung ist der Nährstoffbedarf von Gewächshauskulturen besonders hoch.
- Vorbeugen ist besser als bekämpfen: durch saubere Pflanzgefäße und Arbeitsmittel, einen gesunden, lebendigen Boden, gute Belüftung und ggf. Mischkultur.
- Gartennützlinge sorgen dafür, dass viele Schädlinge gar nicht erst eindringen können.
- Nutzorganismen (Raubmilben, Nematoden etc.), die man direkt beim Züchter bestellen kann, sind im Gewächshaus besonders effektiv – und ganz ohne »Nebenwirkungen«.

Gewächshäuser richtig nutzen

Gewächshausgärtner mit Lust am Experimentieren können jedes Jahr neue Sommerblumen und Gemüse heranziehen. Etwas Wissen um die Pflegegeheimnisse macht das Ganze einfacher und sichert den Erfolg. Und wer sich gerne mit exotischen Pflanzen umgibt, bei dem grünt und blüht es im Gewächshaus rund ums Jahr.

- **Pflanzen anziehen und vermehren** 98
  Das Gewächshaus als Kinderstube
- **Gemüse und Kräuter** 104
  Von der Bodenbereitung bis zum Pflanzplan
- **Empfehlenswerte Kulturpflanzen** 110
  Geeignete Sorten und was zu beachten ist
- **Exotisches Obst, Gemüse und Kräuter** 114
  Schmackhafte Sonnenanbeter
- **Kübelpflanzen pflegen und überwintern** 122
  Unterbringung und Pflege von Kübelpflanzen im Gewächshaus
- **Kakteen im Gewächshaus, ein stacheliges Vergnügen** .. 127
  Praxistipps für Kakteenfreunde
- **Bromelien im temperierten Gewächshaus** 130
  Die dritte Dimension nutzen
- **Insektivoren** 131
  Fleischfresser im Blumentopf
- **Orchideen im warmen Gewächshaus** 133
  Orchideenpflege rund ums Jahr
- **Orchideen im wenig beheizten Gewächshaus** 135
  Pflegeleichte Blütenpracht

Pflanzen anziehen und vermehren

Die meisten Gemüse- und Blumensamen werden im Frühjahr ausgesät, aber auch die Vermehrung der Dauerbepflanzungen, zum Beispiel der Kakteen, erfolgt mit steigendem Lichtangebot. Das Frühjahr ist auch die Zeit für die Stecklingsvermehrung und die Teilung von Pflanzen. Ausgenommen ist die Vermehrung der Stecklinge, die schon im Spätsommer vorgenommen wird, weil sie bewurzelt überwintern müssen. Auf diese Art verfährt man zum Beispiel bei Pelargonien, Fuchsien oder Lantanen.

Sommerblüher benötigen teilweise hohe Keimtemperaturen. Ihre Anzucht empfiehlt sich nur, wenn man über entsprechende Aussaatkästen verfügt.

Wenn noch Platz vorhanden ist, sollte ein Arbeitstisch nicht fehlen. Manche Hersteller bieten spezielle Tische mit Regalen für Töpfe, Etiketten und weiteres Zubehör an.

Vermehrung durch Samen

Generativ, also durch Samen, werden vor allem Gemüsearten, aber auch viele Blumen vermehrt. Die Auswahl an Saatgut im Gartenfachhandel ist riesig. Die Samen von eigenen Pflanzen zu ernten und auszusäen, empfiehlt sich bei den meisten Pflanzen nicht. Die positiven Eigenschaften der modernen Züchtungen werden häufig erst in der sogenannten F_1-Generation (Filius-Generation) erreicht. Nur mit den Original-Eltern lassen sich solche Nachzuchten erhalten. Problematisch ist die eigene Anzucht eigentlich nur bei wärmebedürftigen Gemüsearten wie Gurken, Paprika und Tomaten, aber auch solcher Kulturen bzw. Sätze, die im Frühjahr gepflanzt werden und eine erhöhte Anzuchttemperatur benötigen, um nicht zu früh zu schossen.

Das Saatgut

Es lohnt, widerstandsfähiges, vor allem gegen Krankheiten resistentes Saatgut zu erwerben. Beim Kauf achte man auf das Haltbarkeitsdatum. Erwerben Sie nur die benötigte Menge, denn Samen sollen nicht lange gelagert werden, weil sie mit der Zeit ihre Keimfähigkeit verlieren. Dass man Samen in einer Keimschutzverpackung kauft, ist heute schon fast selbstverständlich. Auf den Samentütchen stehen präzise Informationen zu Aussaatzeiten, Aussaattemperatur und der Hinweis, ob die Pflanze ein Licht- oder ein Dunkelkeimer ist.

Aussaaterde

Bei aller Vorliebe für Kompost – für die Aussaat sollte man keimfreie Aussaaterde verwenden. Fertige Aussaaterden gibt es im Handel. Wer sie selber herstellen möchte, verwendet eine Qualitätserde (kein Billigfabrikat) und mischt sie mit 50 % scharfem Sand oder Kies. Der Sand wird zuvor im Backofen auf 250 °C erwärmt und damit desinfiziert. Diese Mischung kann man an einem trockenen Platz zwei bis drei Jahre lang lagern. Bevor man die Erde in die Aussaatgefäße füllt, wird sie mit Wasser angefeuchtet, dem man einen Schuss Geschirrspülmittel (Pril) beigefügt hat. Das Spülmittel »entspannt« das Wasser, so dass auch der Torf, der in Aussaaterden enthalten ist, dieses gut aufnehmen kann. Richtig feucht ist die Aussaaterde, wenn sie sich wie ein Schneeball in der Hand formen lässt. Der Ball muss aber zerfallen, sobald man ihn aus der Hand rollt. Die Aussaaterde darf also weder zu nass (und damit zu kalt) noch zu trocken sein.

Aussaatgefäße

Der Gartenfachhandel bietet eine breite Palette an Aussaatgefäßen an. Man kann aber auch flache Gefäße verwenden. Alle Gefäße werden vor dem Aussäen desinfiziert. Neochinosol (in Apotheken erhältlich), 1 g auf 1 l Wasser, verhindert Auflaufkrankheiten.

Die Aussaat

Das Substrat muss später immer wieder einmal abtrocknen. Damit dies im gesamten

Man kann sein Gewächshaus auch zunächst nur für Aussaaten nutzen, die Hängetische erleichtern die Übersicht. Was man zusätzlich benötigt, ist viel Platz im Frühbeet.

Gefäß gleichmäßig geschehen kann, wird es am Gefäßrand, der ja zuerst austrocknet, beim Einfüllen fester angedrückt als in der Mitte. Die Oberfläche wird geglättet und leicht angedrückt. Dann beschriftet man ein Etikett mit der Pflanzenart und dem Aussaattermin. **Wasserfeste Stifte und Etiketten** sind

Mein Rat

Wer noch nicht viel Übung im Aussäen hat, streckt die Samenmenge einfach mit etwas Sand (vorher im Backofen bei 250 °C desinfizieren). So kann man auch leicht erkennen, wo zuvor schon ausgesät wurde.

GEWÄCHSHÄUSER RICHTIG NUTZEN

Pikieren heißt Vereinzeln; so werden kleine Sämlinge zu eigenständigen Pflanzen erzogen. Wurzeln beim Umsetzen einkürzen, Luftfeuchtigkeit »gespannt« halten.

im Gartenfachhandel erhältlich. Die Beschriftung ist aus zwei Gründen sinnvoll: Bei den vielen Aussaaten im Frühjahr verliert man nicht den Überblick, und mit den notierten Aussaatterminen lassen sich problemlos die unterschiedlichen Keimzeiten überwachen.
Je nach Korngröße wird mehr oder weniger eng ausgesät. Das Eineinhalbfache der Korngröße wäre der ideale Abstand zwischen den einzelnen Samen.
Nach der Aussaat wird der Samen mit Erde abgedeckt, damit er immer von Feuchtigkeit umschlossen ist. Mit einem feinen Sieb wird eine dünne Schicht aufgesiebt. Im Idealfall ist sie etwa eineinhalbmal so dick wie das Saatkorn. Nun wird alles mit einer feinen Brause oder einem Zerstäuber gut angefeuchtet.

Pflegemaßnahmen

Zum Abschluss wird das Aussaatgefäß abgedeckt. Das kann mit einer Folie oder einer Glasscheibe geschehen. Benutzt man ein spezielles Vermehrungsbeet, wird die dazugehörende Haube aufgesetzt. Die Abdeckung sollte täglich ein- oder zweimal abgenommen und das Kondenswasser abgeleitet werden. Gießen ist lediglich in Ausnahmefällen bei sehr langen Keimzeiten notwendig.
Keimendes Saatgut muss vor direkter Sonneneinstrahlung geschützt werden. Vlies, ein Zeitungsbogen oder Seidenpapier sind geeignete Schattenspender. Man schattiert aber nur dann, wenn es wirklich nötig ist. Am Spätnachmittag sollte man die Schattierung immer entfernen. Sobald die ersten Keimlinge aus der Erde herauslugen, wird die Haube, die Folie oder das Glas täglich für 2 bis 3 Stunden angehoben oder abgenommen, bis man die Abdeckung schließlich vollständig entfernen kann. Keinesfalls dürfen die Keimlinge an die Abdeckung stoßen!

Pikieren

Wenn sich die Sämlinge im Aussaatgefäß berühren, ist es Zeit fürs Pikieren. Dazu setzt man die Sämlinge in flache Schalen oder gleich in Einzeltöpfe, die genauso vorbereitet werden wie die Aussaatgefäße.
Häufigeres Pikieren sorgt für ein flottes Wachstum. Bei kleinen Sämlingen kann man durchaus 3- bis 4-mal pikieren. Beim Einsetzen den Abstand nicht zu groß wählen. Die Blätter dürfen sich nicht berühren, doch sollte dies nach 3 bis 4 Wochen der Fall sein.

Aussäen und Pikieren in Einzeltöpfe

Schnell wachsende Pflanzen, die später ausgepflanzt werden, kann man in kleine Einzeltöpfe aussäen oder pikieren. Torftöpfe und kleine Plastiktöpfe haben sich dafür gut bewährt. Außerdem gibt es im Handel ein Set, mit dem man sogenannte Erdpresstöpfe ganz leicht selbst herstellen kann. Töpfe und Schalen aus Altpapier werden inzwischen ebenfalls angeboten. Beim Auspflanzen muss man sie jedoch aufreißen, da die Wurzeln den Topf sonst erst nach Wochen durchwachsen und es zu Wachstumsstörungen kommen kann.

Auf einem feuchten Ziegel halten sich Sämlinge beim Pikieren gut.

Anzucht von Sommerblumen

Sogenannte Sommerblumen, also einjährige Pflanzen wie *Tagetes,* Begonien und *Ageratum,* lassen sich im Gewächshaus leicht heranziehen, aber nicht ohne warme Vorkultur. Für die **Aussaat** der Sommerblumen müssen die unterschiedlichen Keimtemperaturen und Kulturzeiten beachtet werden. Entsprechende Angaben sind auf den Samentüten zu finden. Kosten kann man sparen, wenn man Blumen, die eine hohe Keimtemperatur benötigen, zuerst in der Wohnung anzieht. Nachdem sich die ersten Blätter gebildet haben, bringt man sie ins beheizte Gewächshaus.
Beispiel *Petunia*-Hybriden: Aussaat Ende Januar. Die Aussaatgefäße auf eine Fensterbank stellen. Keimtemperatur mindestens 20 °C. Keimzeit je nach Sorte 15 bis 20 Tage. Mitte Februar bilden sich die ersten grünen Blättchen. Jetzt erst benötigen die Sämlinge mehr Licht. Anfang März bringt man sie dann ins Gewächshaus. Dort genügt eine Temperatur von 15 bis 17 °C am Tag und eine um 3 °C geringere Nachttemperatur. In diesem Fall muss das Gewächshaus also erst im März in Betrieb genommen werden.

Mit dieser Topfpresse (Fa. Keller → Bezugsquellen) lassen sich unproblematisch Töpfe herstellen.

Den Topf für Stecklinge nicht zu groß wählen, die Pflanzen müssen immer wieder abtrocknen.

Pflegehinweise

Alle Sommerblumen müssen angepasst werden an die Freilandverhältnisse. Auch wenn zur Aussaat, zum Pikieren oder nach dem Topfen noch Sonnenschutz erforderlich war – im Endtopf müssen die Pflanzen langsam an das Licht gewöhnt werden. Nach draußen bringt man die Pflanzen an einem bedeckten oder auch regnerischen Tag, oder man schützt die Pflanzen zuerst mit einem Vlies.

Stecklingsvermehrung

Viele Zierpflanzen lassen sich ganz leicht über Stecklinge vermehren. Als Substrat empfiehlt sich eine Mischung aus scharfem Sand und reinem Torf (im Verhältnis 1:1). Als Ersatz für Torf kann man Steinwolle oder Perlite (im Gartenfachhandel erhältlich) verwenden – allerdings bringt Torf immer noch den besten Erfolg.
Der Steckling sollte weder Knospen noch Blüten und auch möglichst wenige Blätter tragen. Bewurzelungshormone können ebenso wie Algenpräparate die Bildung der Wurzeln merklich beschleunigen.
Zum Einpflanzen wird der Steckling in einen Einzeltopf gesetzt, der abgedeckt werden sollte, am besten mit einer Folienhaube. Eine solche Abdeckung reduziert die Verdunstung durch hohe Erdfeuchtigkeit, wodurch irreparable Welke verhindert werden kann.
Wie bei den Samen muss auch bei den Stecklingen unbedingt täglich gelüftet werden. Vorhandenes Kondenswasser wird dabei abgeführt. Vor Sonne schützen!

Wärme für Samen und Stecklinge

Je nach Pflanzenart benötigen Samen und Stecklinge unterschiedliche Temperaturen zur Keimung beziehungsweise Bewurzelung. **Bodenwärme** spielt dabei zunächst eine größere Rolle als die Umgebungstemperatur. In elektrischen, thermostatisch gesteuerten Vermehrungsbeeten wird das kaum ein Problem sein. Anders bei Heizkabeln oder Wärmeplatten: Sie müssen über eine ausreichende Leistung verfügen, und die Temperatur muss mit einem Bodenthermometer kontrolliert werden.
Der richtige Standort nach der Keimung oder Bewurzelung ist vor allem in den lichtarmen Monaten sehr wichtig. Optimal ist ein Platz so nah wie möglich am Glas. Dafür haben sich Hängetische als unentbehrlich erwiesen.
Die Raumtemperatur muss bei den Jungpflanzen der Pflanzenart entsprechend angepasst werden. Über Nacht sollte man die Tagestemperatur um 3 bis 5 °C absenken. Solch eine **Nachtabsenkung** härtet die Jungpflanzen ab. Ausreichende **Frischluftzufuhr** dient ebenfalls der Abhärtung. Jede Verweichlichung der Jungpflanzen fördert ihre Anfälligkeit für Schädlinge und Krankheiten.

Pflege der Jungpflanzen

Jungpflanzen sind dem Angriff pilzlicher und bakterieller Krankheitserreger stärker ausgesetzt als größere Pflanzen. Pilze und Bakterien kommen schon am Samen, am Steckling im Boden und in den Aussaatgefäßen vor. Hygiene ist daher wichtig. **Biologische Präparate** haben gerade bei Jungpflanzen die Chance, ihre volle Wirkung vorbeugend zu entfalten. Schachtelhalmtee oder Brühe gegen Pilzbefall sind gute Beispiele. Sind die Pflanzen erst einmal befallen, ist die Bekämpfung mit biologischen Methoden allerdings recht schwierig. Durch hohe Temperaturen werden **Umfallkrankheiten** gefördert, während niedrige Temperaturen oft Ursache von Bakterien und Pilzbefall sind. Hier kann Neochinosol helfen: Beim direkten Kontakt mit Pflanzen wird die Dosierung $1/2$ g pro Liter Wasser gewählt.
Luftbewegung, Frischluft und der richtige Temperaturbereich sind vorbeugend die wirkungsvollste Hilfe. Über die unterschiedlichen Temperaturwünsche der Pflanzenarten muss man sich informieren.
Junge Pflanzen unbedingt vor direkter Sonneneinwirkung schützen, vor allem, wenn sie an einer offenen Lüftung stehen. Ein Bogen Zeitungspapier oder ein Vlies schafft hier Abhilfe.

Stecklinge von Balkonpflanzen

Durch Stecklinge lassen sich zum Beispiel viele Balkonpflanzen vermehren – Geranien, Fuchsien oder Wandelröschen. Im August oder September schneidet man die Stecklinge und setzt sie in kleine Töpfe, die einen Durchmesser von höchstens 5 bis 6 cm haben sollten. Je nach Pflanzenanzahl genügt manchmal schon eine Fensterbank in einem beheizten Zimmer. Der Standort für eingewurzelte Stecklinge muss lediglich frostfrei und hell sein. Beginnt im Frühjahr das Wachstum, wechseln die Pflanzen ins Gewächshaus. Anfang April werden sie in größere Töpfe gesetzt, und schon ab Mai blühen die Pflanzen.

Gemüse und Kräuter

Das Reizvolle an einem Gewächshaus ist, dass man zu »unmöglichen« Zeiten, also auch außerhalb der normalen Vegetationsperiode, frisches Gemüse ernten kann. Dies ist mit einigen Vorkehrungen sogar in einem ganzjährig unbeheizten Haus möglich.

Das Kulturjahr für das »Wintergemüse« beginnt in einem ganzjährig unbeheizten Gewächshaus im Herbst. Mit Beginn der lichtarmen Zeit wird zunächst das Großreinemachen fällig, denn bei Gemüse kommt es vor allem auf das uneingeschränkte Lichtangebot an. Schattierfarbenreste, Schmutz, Algen und Moose müssen von Wänden und Dach sorgfältig entfernt werden.

Bodenaustausch und Bodenbearbeitung

Ist ein Bodenaustausch vorgesehen, sollte er im Herbst stattfinden. Wobei allerdings der Nährstoffgehalt des neuen Bodens im Winterhalbjahr für Gemüse eher niedrig ausfallen muss. Besonders schädlich ist hoher Stickstoffgehalt (siehe Seite 75). Durch Zusatz von Sand kann der Boden abgemagert werden. Allerdings müssen später im Frühjahr nach einer **Bodenuntersuchung** fehlende Nährstoffe ergänzt werden.

Soll der Boden im Frühjahr durch eine Mistpackung erwärmt werden, wird er erst Ende Januar/Anfang Februar ausgewechselt. Dabei lässt sich der im Freien lagernde neue Boden durch eine Isolierung, zum Beispiel aus Stroh oder Laub, verwendungsfähig halten. Er darf auf keinen Fall gefroren sein. Zum Austauschen wird der Boden etwa 20 bis 30 cm tief abgetragen und ins Freie gebracht. Aufgeschüttet wird mit neuem Boden.

Nachdem die Kübelpflanzen den Garten und die Terrasse schmücken, gehört im Sommer das Gewächshaus den Tomaten. Die Kulturfolge muss dem Bedarf angepasst werden.

Gemüse und Kräuter 105

Ob im Kasten oder direkt im Gewächshaus, der möglichst frische Mist wird unter die Kulturschicht gebracht.

Der Mist wird festgetreten, bevor die nächste Schicht aufgebracht wird. Bodenwärme durch biologische Prozesse.

Nach einer anderen Methode setzt man die neue Substratschicht auf eine vorhandene, die zuvor tiefgründig gelockert wurde. Allerdings trocknet eine aufgebrachte Substratschicht schneller ab. Ist eine Vegetationsheizung oder Bodenheizung vorhanden, macht diese Methode weniger Arbeit als der Austausch des Bodens.

Die Mistpackung sorgt für Bodenwärme

Eine eingebrachte Packung sorgt für den bekannten »warmen Fuß« und kann Heizen überflüssig machen. Die Packungen werden mit Mist, Laub oder Stroh schon im Februar oder März eingebracht. Man verwendet dafür vorrangig **frischen Pferdemist** – so viel, dass es für eine 20 bis 40 cm dicke Schicht ausreicht. Andere (frische) Mistarten sind ebenfalls geeignet. Sie müssen jedoch zusätzlich mit Stroh oder Laub versetzt werden. Nach

Mein Rat

Unbeheizte Frühbeete und Gewächshäuser werden zusätzlich außen mit einer Laubschicht eingepackt. Kästen, aber auch Gewächshäuser können nachts mit Stroh- oder Luftpolsterfolienmatten abgedeckt werden.

Aussaatbeispiele einiger Gemüsearten im Gewächshaus oder Kasten

Gemüseart	Aussaattermin	Keim-temperatur	Topfgröße bzw. Pikieren	Anzucht-temperatur	Pflanz-termin
Haus- und Kastengurken	A April	25 °C	8–10 cm	18–20 °C	E Mai
Paprika	M Januar	25 °C	8–10 cm	18–20 °C	E Mai
Tomaten	A März	22 °C	8–10 cm	16–18 °C	M/E Mai
Sellerie	E Febr.	20 °C	Pikieren	14–16 °C	M/E Mai
Kohlrabi (1. Satz)	E Januar.	16–18 °C	Pikieren	14–16 °C	A April
Blumenkohl (1. Satz)	A Febr.	16–18 °C	Pikieren	14–16 °C	A/M April
Frühkohl	E Januar.	16–18 °C	Pikieren	14–16 °C	A/M April
Kopfsalat (1. Satz)	E Januar	18 °C	Pikieren	8–12 °C	M/E März
Möhren	E September	16–20 °C	entfällt, vereinzeln	ab 14 °C	direkt
Aubergine	M April	25–28 °C	8–10 cm	18–20 °C	M Mai
Andenbeere	M April	15–25 °C	Pikieren	16–20 °C	A Mai
Radies	E Januar	16–20 °C	entfällt, vereinzeln	8–12 °C	direkt

Erläuterungen: A = Anfang, M = Mitte, E = Ende des Monats

dem Einbringen wird das Ganze mit Kalkammonsalpeter und warmem Wasser als »Initialzündung« übergossen. Steht nur Stroh oder Laub zur Verfügung, werden etwa 50 kg davon mit 130 l warmem Wasser, 0,8 kg Harnstoff, 1,9 kg Kalkmergel, 1,7 kg schwefelsaurem Kali und 1,5 kg Superphosphat vermischt. Das voll gesogene Stroh wird locker eingebracht und mit etwas Kulturerde bedeckt. Sobald sich die Wärme auf 17 bis 20 °C erhöht hat, wird festgetreten und dann die eigentliche Kulturschicht aufgebracht. Je nach Kultur kann sie zwischen 15 und 30 cm dick sein. Genau so verfährt man bei Pferdemist und an-

deren Mistarten. Mit einer solchen Packung lassen sich frühe Kulturen empfindlicher Pflanzen treiben und wärmeliebende Pflanzen sicher über kalte Sommer bringen.

Anbautipps

Zur optimalen Nutzung wird es notwendig sein, einige der Pflanzen in warmen, beheizten Räumen vorzuziehen. Mischkultur und Fruchtwechsel sind in intensiv genutztem Gewächshaus nur schwer durchzuführen. Dennoch sollte man wenigstens auf die richtige

Fruchtfolge achten. Es gibt **selbstverträgliche Pflanzen,** also solche, die mehrmals nacheinander auf demselben Beet angebaut werden können. Dazu zählen Kohl, Stangenbohnen und Tomaten. Die meisten **Gemüsearten** sind jedoch **selbstunverträglich,** sie dürfen im nächsten Kulturjahr also nicht an dieselbe Stelle gepflanzt werden. Auch den unterschiedlichen Nährstoffansprüchen der Stark- und Schwachzehrer muss Rechnung getragen werden. Außerdem ist ein Wechsel zwischen Blatt- und Knollenfrüchten, groß- und kleinblättrigen Pflanzen, Stand- und Rankgewächsen und, nicht zuletzt, zwischen Tief- und Flachwurzlern günstig.

Gute Partner wählen

Durch die Möglichkeit des Bodenwechsels hat man im Gewächshaus Vorteile. Trotzdem sollte man immer daran denken, dass die Bodenfruchtbarkeit nur mit einer natürlichen Pflanzengesellschaft erhalten bleiben kann. Solch eine Gemeinschaft besteht ja immer aus vielen unterschiedlichen Gattungen und Arten. Nur so können die Pflanzen voneinan-

Die Auswahl des Gemüses hängt natürlich vom eigenen Geschmack ab, jedoch sollte die Verträglichkeit der Sorten zueinander beachtet werden. Durch Auswechseln des Bodens ist der häufigere Anbau des »Lieblingsgemüses« möglich.

Gemüseanbau Monat Februar

Kopfsalat			
Kohlrabi			
Möhren	Spinat		Petersilie
	Kräuter		Radieschen
			Winterzwiebeln
			Rettich
	Lauchzwiebeln		Schnittlauch
			Petersilie
			Lauchzwiebeln
	(rot)		Radieschen
			Kopfsalat
Feldsalat	Kohlrabi		Spinat

Gemüseanbau Monat März

Kopfsalat			
Kohlrabi			
Lauchzwiebeln (2. Satz)			
Möhren	Spinat		Petersilie
	Kräuter		Radieschen
			Kopfsalat
			Rettich
	Lauchzwiebeln		Schnittlauch
			Petersilie
	Anzuchten mit Wärme		Lauchzwiebeln
			Radieschen
			Kopfsalat
Feldsalat	Kohlrabi		Spinat
			Pflücksalat

Gemüseanbau Monat April

Kopfsalat			
Kohlrabi			
Lauchzwiebeln			
Möhren	Spinat		Petersilie
	Kräuter		Kopfsalat (2. Satz)
			Radieschen
			Rettich
	Radieschen		Kopfsalat (2. Satz)
	Blumenkohl Brokkoli		Petersilie
			Lauchzwiebeln
	Anzuchten mit Wärme		Lauchzwiebeln (2. Satz)
			Kopfsalat
	Kohlrabi		Spinat
			Pflücksalat

Gemüseanbau Monat Mai

Tomaten oder Gurken			
Kopfsalat (2. Satz)			
Radieschen			
Möhren	Tomaten oder Gurken		Petersilie
	Kräuter		Kopfsalat
			Spinat
			Rettich
	Blumenkohl		Kopfsalat
	Blumenkohl Brokkoli		Petersilie
	Anzuchten mit Wärme		Radieschen
			Lauchzwiebeln
	Tomaten oder Gurken		Tomaten oder Gurken
			Kapstachelbeere
			Pflücksalat

◀ Jeder Anbauplan kann nur als Anregung für eigene Versuche verstanden werden. Eigentlich bestimmen Vorlieben den Plan. Dazu kann der Witterungsverlauf – früher Winter, zeitiges/spätes Frühjahr – alle Pläne über den Haufen werfen. Trotzdem sollte man die Kulturfolge planen. Dann aber ist Improvisationstalent gefragt. Vlies oder Folie schützt zusätzlich vor der Kälte. Es wird immer nur vorsichtig gegossen. Dabei dürfen die Pflanzen aber auch nicht vertrocknen. Wichtig: die Grundfeuchte und ein Boden, der Wasser auch halten kann. Bis zum Säen oder Pflanzen den Boden evtl. gemulcht halten. Die Nährstoffe sollten dem Wachstum angepasst werden. Dazu eigen sich Flüssigdünger, die sich weniger im Boden anreichern. Kulturen laufend auf Schädlinge, vor allem Pilzkrankheiten kontrollieren. Bei Befall sollte man sich von den Pflanzen trennen, in der lichtarmen Zeit nicht spritzen. Nicht zuletzt muss auch in der kalten Jahreszeit viel gelüftet werden. Nicht nur der Gärtner, auch die Läuse werden im Gewächshaus früher wach. Daher kontrollieren und bekämpfen.

Gurken und Tomaten – eine beliebte, aber heikle Kombination: Hohe Luftfeuchtigkeit fördert Pilzkrankheiten bei Tomaten, niedrige Luftfeuchte begünstigt Spinnmilben an Gurken.

der profitieren, sich gegenseitig fördern oder auch hemmen. So fördern sich zum Beispiel Rettich und Spinat, Möhren und Bohnen gegenseitig. Die Beeinflussung wird übrigens durch Duft-, Blatt- und Wurzelausscheidungen bewirkt. Nur im natürlichen und gesunden Boden können sich diese positiven Wirkungen voll entfalten.

Kulturbeispiele

Alle Kulturen werden, wenn nicht anders angegeben, im Freiland oder in einem Frühbeetkasten vorgezogen, also nicht an Ort und Stelle ausgesät. Am besten sät oder pikiert man sie in Einzeltöpfe. Zum Auspflanzen im Gewächshaus haben sie dann schon einen Wurzelballen und wachsen ohne Unterbrechung weiter, was in der lichtarmen Zeit sehr wichtig ist. Auf diese Weise lassen sich die auf den folgenden Seiten beschriebenen Gemüsearten anbauen.

Empfehlenswerte Kulturpflanzen

Blumenkohl

Bei allen Kohlarten entscheidet die optimale Nährstoffversorgung über den Erfolg. Stickstoff ist wichtig. Dazu ausreichend Calcium und Spurennährstoffe. Im März gepflanzter Blumenkohl kann ab Ende Mai geerntet werden, gleichmäßige Temperaturen von 15–20 °C vorausgesetzt. Abweichungen nach unten werden besser vertragen als solche nach oben. Wärme verzögert nämlich die Kopfbildung. Neben dem weißen Blumenkohl gibt es auch Sorten mit violetten und grünen Rosen. Der violette Blumenkohl wird beim Kochen grün.
Aussaat: Erste Aussaat im beheizbaren Gewächshaus oder warmen Frühbeet ab März.

Saattiefe 1 cm, Keimdauer 10–20 Tage bei 10–20 °C. Nach dem Auflaufen in Multiplatten oder Torftöpfe pikieren. Blumenkohl vor dem Auspflanzen ins Freiland abhärten.
Zukauf von Jungpflanzen ab Februar.

Brokkoli

Brokkoli braucht tiefgründige, nährstoffreiche Böden mit einem guten Wassserhaltevermögen. Der Kopf ist kleiner und lockerer aufgebaut als beim Blumenkohl und er enthält besonders wertvolle Inhaltsstoffe. Geerntet wird rechtzeitig, bevor sich die Blüten öffnen, besonders an heißen Tagen blühen sie rasch auf. Nach der Ernte rasch weiterverarbeite. Reichlich Kompost ins Pflanzloch geben, für gleichmäßig feuchten Boden sorgen, später regelmäßig düngen.
Aussaat: Ab Mitte Februar Vorkultur im Gewächshaus möglich. Von März bis Ende Juni ins Freiland satzweise säen. Pflanzung von April bis Ende Juli.

Salat und Kohlrabi, zwei Kulturen, die sich schon sehr früh im Jahr anbauen lassen. Mit einer Packung oder Bodenheizung beginnt die Ernte schon Mitte April.

Feldsalat

Feldsalat ist fast schon der beliebteste Wintersalat für Hobbygärtner. Bei Aussaat im Kleingewächshaus ist der Saattermin Mitte September noch ausreichend. Ist zu dieser Zeit die Fläche noch mit anderen Pflanzen belegt, wird zunächst in Saatkistchen angesät.

Die Aussaat kann breitwürfig oder in Reihen im Abstand von 5 cm erfolgen. Nach etwa 4 Wochen müssen die Feldsalatpflänzchen gepflanzt werden. Der Abstand beträgt 6 mal 6 cm, wobei immer kleine Tuffs von 3 bis 5 Pflänzchen eingesetzt werden.
Bei feuchter Witterung und hoher Luftfeuchtigkeit drohen Falscher Mehltau und Grauschimmel. Widerstandsfähige Sorten sind 'Vita', 'Elan', 'Jade' oder 'Medaillon'. Häufig lüften. *Botrytis* braucht feuchte Blätter, um sich auszubreiten. Deshalb ist Gießen im November und Dezember möglichst zu unterlassen. Wenn bei starken Frösten sogar der Boden im Gewächshaus gefriert, vertrocknen die Pflanzen. Solche Schäden lassen sich mit einer Vliesauflage vermeiden.

Gurke

Gurken im Gewächshaus erst auspflanzen, wenn sich 2–3 Blätter gebildet haben. Der Mindestabstand beträgt 60 cm. Gurken an einer Schnur aufleiten und dabei die Triebe immer um die Schnur wickeln, nicht umgekehrt. Fruchtansätze und Blätter am Trieb bis zu einer Höhe von 50–60 cm abschneiden. Darüber am Haupttrieb höchstens noch 6 Fruchtansätze lassen.
Aussaat: Die Aussaat erfolgt meist ab Februar im Zimmer, bei Lichtmangel warten. Mindestkeimtemperatur ist 22 °C, besser 25–26 °C. Immer zwei Samen in einen Topf legen. Gut geeignet sind Torftöpfe, diese zunächst halb füllen, später bis zu den Keimblättern auffüllen, so können neue Wurzeln entstehen.

Kopfsalat

Obwohl die meisten Sorten frostempfindlich sind, kann man sie mit einem Vlies abdecken. Zum Winteranbau geeignete Sorten findet man in entsprechenden Katalogen. Mehltauresistenz ist neben Schossfestigkeit schon fast selbstverständlich und wird vor allen Dingen in den F_1-Hybriden erreicht.
Aussaat: August/September/Oktober; Pflanztermin: Oktober/November; Ernte: ab April/Mai. Interessant ist auch der Herbstanbau, dann erfolgt die Aussaat noch im August. Je nach Art und Sorte enthalten Salate große Mengen an Vitaminen, z. B. Betacarotin und Vitamin C. Sie liefern zudem lebenswichtige Mineralstoffe, sind kalorienarm und machen dennoch satt.

Lauchzwiebeln

Sie brauchen nicht extra angezogen zu werden, man kann kleinere Speisezwiebeln oder größere Steckzwiebeln verwenden, wie sie bei der Ernte im Freiland anfallen. Nach einer Lagerung von 3 bis 4 Wochen bei 15 °C wird die Knospenruhe unterbrochen. Zur Beschleunigung des Austriebs werden die Zwiebeln in einem Sieb geschüttelt. Dabei wird die Außenhülle beschädigt (was erwünscht ist). Anschließend wässert man die Zwiebeln 24 Stunden lang in kaltem Wasser. Die eigentliche Treiberei im unbeheizten Haus kann allerdings erst ab Februar erfolgen. Mit der Mistpackung oder einer Bodenheizung geht es entsprechend früher.

Möhren

Möhren lassen sich durchaus als Frühgemüse im Gewächshaus ziehen, allerdings benötigen sie im Winterhalbjahr eine sehr lange Kulturzeit und blockieren noch im Frühjahr Platz, den man meist dringend braucht. Sorten für Winteranbau wählen.
Aussaat: direkt Gewächshaus im September/Oktober; Ernte im Mai.

Petersilie

Es kann sowohl Würz- als auch Schnittpetersilie angezogen werden. Möglich ist bei beiden Arten Vortreiben und Direktaussaat. Direktaussaat im Gewächshaus. Wenn der Platz noch durch andere Kulturen belegt ist, lässt sich Petersilie in Erdpresstöpfen vorziehen. Pro 5-cm-Topf rechnet man 3 Samen. Im September wird dann im Gewächshaus ausgepflanzt. Je nach Witterung ist dann eine Ernte im Januar möglich.

Radieschen

Lassen sich wie Rettich anbauen. Nur *frühe Treibsorten* sind geeignet. Wie beim Rettich darf die Temperatur im Winter nicht ansteigen, Temperaturen um 20 °C hemmen die Knollenbildung. Im Gewächshaus gelten andere Bedingungen als im Freiland, wo der Rettich hohe Temperaturen bestens verträgt. Zur Knollenbildung gehört Wasser. Lieber weniger, aber häufig gießen.

Rettich bringt im Gewächshaus im Frühjahr und Herbst besonders reiche Ernten.

Rettich

Ab Januar bis März können einjährige Rettichsorten angebaut werden. Ernte von Mitte März bis Mai.

Rote Rüben

Besonders schmackhaft sind Rüben, die unter Glas kultiviert wurden. Aussaat ab Februar im Gewächshaus; Ernte schon im Mai. Im Gewächshaus gezogene Rüben sind qualitativ nicht mit überwinterten, eingelagerten oder solchen aus Freilandkultur zu vergleichen, sondern wesentlich zarter und aromatischer.

Spinat

Kann wie Feldsalat angebaut werden. Aussaat Mitte September, im Januar kann dann schon geerntet werden. Nur mehltauresistente Sorten wählen.

Tomate

Man pflanzt ins Gewächshaus an Anfang Mai, frühestens Ende April. Schräg einpflanzen, damit sich zusätzliche Wurzeln bilden. Die untersten Blätter bis zu einer Höhe von 30–40 cm entfernen. Tomaten brauchen tiefgründigen, nährstoffreichen Boden.
Die Pflanzen beim Gießen nicht mit Wasser benetzen, nur im Wurzelbereich gießen. Für gute Belüftung sorgen. Achseltriebe ausgeizen.
Aussaat: Ab März in einem warmen Vermehrungsbeet, Saattiefe 0,5–1 cm, Keimdauer 18–20 Tage bei 18–25 °C.

Winterzwiebeln

Können direkt ins Gewächshaus. Ende August, spätestens Anfang September wird ausgesät. Ab März ist die Ernte möglich.

Treiberei

Für die nachfolgenden Kulturen ist eine warme Vorkultur erforderlich. Dabei kann die Aussaat auf der Fensterbank oder in einem speziellen Vermehrungsbeet mit einer elektrischen **Zusatzheizung** erfolgen. Die Jungpflanzen werden wie im Kapitel Aussaat beschrieben weiterkultiviert. Bei größeren Aussaatmengen lohnt sich die Abtrennung eines Teils des Gewächshauses, der dann zusätzlich beheizt wird. Die Vorzucht der Pflanzen im Gewächshaus ist ideal, da der jahreszeitlich bedingte Lichtmangel dort am geringsten ausfällt bzw. ausgeglichen werden kann. Ersatzweise tut es auch die Fensterbank. Mit warmer Vorkultur werden ab Februar/März zum Beispiel Stangenbohnen, Tomaten, Gurken, Paprika, Auberginen, Kohlrabi und Kopfsalat ausgesät.

Kohlrabi

Sollte man erst ab Januar vorziehen, nicht früher, sonst kommt es zu vorzeitigem Schossen – ausgelöst nicht durch Lichtmangel, sondern durch niedrige Temperatur (unter 0 °C). Wird eine Mistpackung eingesetzt, kann ab Februar ins Gewächshaus gepflanzt werden. Sonst erst ab Ende März. Nur Sorten für den frühen Anbau wählen.

Kopfsalat

Sorten, die für den frühen Anbau geeignet sind, werden ab Januar ausgesät. Diese Spezialsorten werden von jeder Samenfirma angeboten. Ab Februar pflanzt man die Sämlinge im unbeheizten Gewächshaus aus.

Exotisches Obst und Gemüse im Gewächshaus

Höckermelonen sollten, wie alle Melonen, zur Ertragssicherung mit einem Pinsel von Hand bestäubt werden.

Ob Birnenmelonen, Andenbeeren, Feigen oder Passionsfrüchte, ihr Genuss muss sich für Gewächshausbesitzer nicht auf den Urlaub beschränken. Allerdings sind alle exotischen Früchte auf Wärme angewiesen. Das bezieht sich nicht nur auf die Vorkultur. Zusätzlich beschränkt häufig die Pflanzengröße die Auswahl. Allerdings kann Rückschnitt hier einiges möglich machen.

Ob Samen, Stecklinge oder fertige Pflanzen, hängt von der Obstsorte ab. Inzwischen ist das Angebot exotischer Samen jedoch sehr umfangreich. Die dazu gegebenen Kulturhinweise beachten. Bei »Mitbringseln« aus dem Urlaub muss man die Überwinterungstemperatur erfragen. Manchen Tipp bekommt man auch in Botanischen Gärten.

Aubergine

Auberginen erfordern eine warme Vorkultur. Auf Spinnmilben achten – Luftfeuchtigkeit erhöhen.

Die frostempfindlichen Auberginen werden erste gegen Ende April im Abstand je nach Sorte von 40 x 60 cm bis 75 x 50 cm im Gewächshaus ausgepflanzt. Als Mittelzehrer benötigen sie einen lockeren, humusreichen Boden. Nicht übermäßig gießen wegen der Gefahr von Wurzelfäule. Fallen Knospen oder Blüten ab, ist es den Pflanzen zu kalt. Sie wollen Wärme und niedrige Luftfeuchtigkeit.
Ab Juni kann geerntet werden, die Früchte sollen dunkel gefärbt sein und glänzen.
Aussaat: Ausgesät wird von Ende Februar bis Mitte März bei 20–25 °C in Schalen oder Töp-

fen mit Anzuchterde. Früher nicht lohnend, da die Pflanzen sehr wärmebedürftig sind.

Feige

Feigen können im Gewächshaus überwintert werden, aber auch dauerhaft dort verbleiben. In diesem Fall wächst und fruchtet sie ständig weiter. Im Herbst zurückschneiden, alle zwei Jahre umtopfen. Im Mai kann man den Haupttrieb einkürzen, die Seitentriebe tragen dann mehr Früchte. Der Nährstoffbedarf für die Fruchtbildung ist sehr hoch, deshalb muss wöchentlich gedüngt werden.
Aussaat: Meist über Stecklinge oder Wurzelschösslinge. Sortenauswahl beachten.

Um reife Früchte zu ernten, muss man die Feigenbäume ausreichend ernähren. Am besten flüssig einmal wöchentlich und sogar bei jedem Gießen.

Melone

Leider kann man Melonen nur schlecht mit anderen Kulturen zusammen halten. Unterpflanzung mit Salat möglich. Kultur an einem Netz oder Schnüren. Wichtig ist regelmäßiges wässern. Bei Wassermangel bilden sich überwiegend weibliche Blüten. Nie kaltes Wasser, nur abgestandenes, lauwarmes verwenden. Niemals den Wurzelhals benetzen, sonst droht Wurzelfäule. Bilden sich Ranken und keine Früchte, sollte man die Pflanzen trocken lassen. Wöchentliche Düngung mit einem Universaldünger. Während der Blüte soll die Temperatur 24 °C und mehr erreichen, nur dann kann die Befruchtung gelingen.
Aussaat: Aussaat ab Mitte April im Vermehrungsbeet, Weiterbehandlung wie bei Gurken.

Tafeltrauben, besonders die blaue Sorte 'Boskoops Glorie', sind für jedes Gewächshaus besonders gut geeignet.

Kräuter – mehr als eine Mode

Zum Glück werden jetzt auf allen Märkten oder im Gartencenter Kräuter schon ganzjährig angeboten. Nur, es sind nicht gerade die interessantesten Sorten. Und mit einem Gewächshaus will man ja eigentlich mehr!
Was bleibt, ist die Anzucht aus Samen, vielleicht zuerst am Fenster und anschließend im Gewächshaus. Samen erhält man bei diversen Anbietern in Spezialgärtnereien, aber auch im Samenfachhandel. Ausprobieren geht hier vor dem »Probieren«.
Übrigens: Fast alle Kräuter aus Italien, die schon früh im Jahr bei uns angeboten werden, kann man im frostfreien Gewächshaus halten.

Kräuter im Gewächshaus

Für den verfrühten Anbau von Kräutern eignen sich eigentlich alle Häuser. Im temperierten und warmen Gewächshaus kann aber ganzjährig geerntet werden. Frische, besonders aromatische exotische Kräuter sind das ganze Jahr über gefragt. Am besten gedeihen sie bei Temperaturen im Bereich zwischen 12 und 14 °C. Weniger exotische Exemplare können auch in einem lediglich frostfrei gehaltenen Haus ganzjährig kultiviert werden. Leider sind die darin gehaltenen Kräuter in der Winterzeit nicht ganz so aromatisch.

Kräuterangebot auf Wochenmärkten und im Handel ist sehr vielfältig. Allerdings nicht im Winter. Dann kann der Gewächshausgärtner selbst für Abhilfe sorgen.

Problematisch für diese Pflanzen ist vor allem der Lichtmangel beziehungsweise Frischluftmangel bei hoher Luftfeuchtigkeit. Alle nur frostfrei gehaltenen Kräuter benötigen vor der Treiberei eine Ruhezeit. Ein starker Rückschnitt kann die Ruhe ersetzen. Übrigens, auch Kräuter benötigen Nährstoffe. Dabei kommt es vor allem auf die Spurenelemente an, wobei es nicht nur ein organischer Dünger sein muss. Jedoch gibt es im Handel Guano, Kompost, Wurmkompost (der wertvollste Spurendünger!), Dünger aus Reststoffen pflanzlicher Herkunft sowie Filterkuchen von Ölfrüchten, Malzkeimen, Rapsschrot u. a.

Kulturpraxis für Kräuter

Ob Aussaat, Treiben oder auch in der Kultur – der wichtigste Wachstumsfaktor der Kräuter ist das Licht. Besonders erntereife Kräuter sind auf Licht angewiesen, nur so reichern sich ätherische Öle und Geschmacksstoffe an. Im Gewächshaus kann bei der Keimung eine Wachstumslampe nützlich sein, die Pflanzen erhalten so einfach bessere Voraussetzungen in der Weiterentwicklung. Sonst mit der Aussaat grundsätzlich bis zum April warten, auch wenn der Erntezeitpunkt dann später liegt.

Kräuter der Gemüseabteilung

Wenn wir hier von Kräutern für das Gewächshaus gesprochen haben, waren immer Kräuter für die »Küche« im weitesten Sinn gemeint. Natürlich kann man im Gewächshaus auch Heilkräuter anbauen. Oft haben die Gewächse sogar einen doppelten Nutzen. Man kann durch Gewürzkräuter im Essen die Gesundheit fördern und Geschmack ans Gericht zaubern! Natürlich erfordert der Heilkräuteranbau ganz andere Kenntnisse als sie hier vermittelt werden können. Daher beschränke ich mich auf einige Praxistipps. Da Heilkräuter einen sonnigen Standort benötigen, was auch viel Wasserbedarf bedeutet, sollte der Boden ausreichend Feuchtigkeit halten können.

Doch sind die Ansprüche natürlich unterschiedlich, je mehr Erntegut erwartet wird, ob Basilikum oder Petersilie, Schnittlauch oder Melisse desto besser, also humoser und nährstoffreicher sollte der Boden sein. Gedämpfter Kompost oder Blumenerden erfüllen diese Voraussetzung. Holzige, langsam wachsende Kräuter begnügen sich in der Regel mit sandigen Substraten. Zudem ist es wichtig, dass der Boden kalkreich ist und der pH-Wert bei ca. 6 liegt.

Beschaffung der Kräuter

Viele der wichtigster Küchenkräuter werden in den Gemüseabteilungen der Supermärkte in Töpfen angeboten. Sie sind eigentlich zum schnellen Verbrauch gedacht und stehen deshalb in relativ kleinen Töpfen mit wenig Erde. Will man sie weiter kultivieren, sollte man sie möglichst bald in einen größeren Topf oder direkt in das Gewächshaus pflanzen. Zuerst kann man sie einmal ernten, dann aber in Ruhe lassen, damit sie genügend Blattmasse behalten, um richtig weiter zu wachsen.

Kräuter für das unbeheizte Gewächshaus

Deutscher Name	Botanischer Name	Verwendung	Bemerkung
Anis-Ysop	*Agastache anisata*	Tee, Salat	im Freiland aromatischer
Lemon-Ysop	*Agastache mexicana*	Würzkraut, Tee	humoser Boden, liebt Feuchtigkeit
Koreanische Minze	*Agastache rugosa*	Salat	Boden durchlässiger
Französischer Estragon	*Artemisia dracunculus*	Würzkraut	nahrhafter, durchlässiger Boden
Ausdauernder Boretsch	*Borago laxifora*	Würzkraut	humoser Boden
Garten-Bergminze	*Calamintha grandiflora*	Tee, Salat	feucht halten, aber nicht nass
Currykraut	*Helichrysum italicum*	Würzkraut	empfindlich gegen Feuchtigkeit, zusätzlich abdecken bei Kälte
Zitronenmelisse	*Melissa officinalis*	Würzkraut Salat	einfache Kultur nur schwierig, wenn das Kraut zu früh treibt, anfällig für Grauschimmel
Apfelminze	*Mentha villosa*	Würzkraut, Tee	humoser Boden, jährlich neu pflanzen, sonst zu gewaltig, neigt bei ungünstiger Witterung zu Grauschimmel
Majoran	*Origanum majoricum*	Würzkraut	Boden abmagern, Stecklingsvermehrung
Zitronenbohnenkraut	*Satureja biflora*	Würzkraut	durchlässiger Boden, ggfs. abmagern
Thymian	*Thymus vulgaris*	Würzkraut	durchlässiger, nährstoffreicher Boden

Der Reiz für Gewächshausbesitzer liegt natürlich in der Aussaat, damit ist die Auswahl (siehe Tabellen) ungemein größer. Vor allem die Spezialgärtnereien erweitern ihr Angebot ständig. Jedoch findet sich im Samensortiment der »normalen« Anbieter auch schon allerhand, nicht zuletzt diverse Basilikumsorten aus England (Thompson & Morgan). Ob man Pflanzen und Samen aus dem Ökoanbau erwerben will ist letztlich »Geschmacksache«, wird aber Einfluss auf die Auswahl haben.

Pflanzenschutz bei Kräutern

Pflanzenschutz bedeutet bei Kräutern selbstverständlich der Verzicht auf Chemie. Ideal ist eine Kombination verschiedener Maßnahmen mit dem Ziel, den Pflanzenkrankheiten vorzubeugen. Hierzu zählen z. B. eine harmonische Nährstoffversorgung und der Einsatz von pflanzlichen Auszügen zur Pflanzenstärkung. Treten tierische Schädlinge auf, bekämpft man diese mit dem Einsatz von Nützlingen oder

Seifenpräparaten. Pilz- oder Bakterieninfektionen können mit Pflanzenstärkungsmitteln eingedämmt werden. Auch die Vielfalt der Kräuter ist schon Schutz! So wehren Geruch und Wurzelausscheidungen Schädlinge ab.

Ernte und Anwendung

Man sollte Kräuter immer so frisch wie möglich verwenden und möglichst zu der Zeit ernten, wo sie am intensivsten duften. Muss man sie konservieren ist die einfachste Konservierungs- und Aufbewahrungsmethode das Einfrieren. Wichtig ist, dass die Kräuter später gefroren in den Kochtopf kommen, sonst geht ein Teil des Aromas verloren. Durch das Gefrieren entstehen im Innern der Pflanzenzellen Beschädigungen, die beim Auftauen leicht flüchtige ätherischen Öle freisetzen.

Schnittlauch treiben

Ein Kraut auf das man als Gewächshausbesitzer auch nicht verzichten muss (fast ganzjährig) ist Schnittlauch. Denn Schnittlauch kann man treiben. Dazu muss die Pflanze nur vorbereitet werden. Ältere Pflanzen werden dazu im Vorjahr geteilt und ausgepflanzt oder speziell dafür gezogene Jungpflanzen gepflanzt. Aussaat im April bis Juni. Dicht säen. Bis zum Auflaufen soll das Saatbeet gut feucht gehalten werden. Dann werden sie büschelweise im Abstand von 25 x 25 cm ausgepflanzt Die Büschel wachsen bis zum Herbst zu recht ansehnlichen Pflanzen heran. Man kann auch

schon laufend ernten! Zum Treiben im Winter sind sie jedoch noch nicht geeignet. Erst ein Jahr später ist die Pflanze ausgereift.

Der zum Treiben bestimmte Schnittlauch wird gut gedüngt und nicht abgeerntet, lediglich die Blüten schneiden. Zur Ernte um die Weihnachtszeit werden Mitte September einige Pflanzen ausgegraben und vollkommen trocken zur Ruhe gezwungen. Dies kann im Keller geschehen. Ende November werden die Wurzeln dann eingekürzt und das alte Laub wird entfernt. Anschließend werden die Ballen 12 Stunden in Wasser von etwa 40 °C gelegt. Das regt den Austrieb an. Nun wird getopft. Hierfür genügt wenig Erde, gebraucht wird aber ein heller, möglichst warmer Platz – sonst dauert das Treiben zu lange. Optimal sind ein Frühbeet oder das frostfreie Haus, es genügt aber auch ein helles Zimmerfenster. Noch einfacher ist das Treiben von ganzen Pflanzen mit Ballen ab Mitte Dezember. Hierfür werden diese noch vor dem ersten Frost (Ende Oktober bis Mitte November) ausgegraben und an einer geschützten, luftigen Stelle im Freien lose hingelegt. Durch die Frosteinwirkung werden die Ballen treibfähig. Dabei dürfen sie ruhig trocken werden. Je nach Bedarf kann man nun im Winter gefrorene oder nicht gefrorene Klumpen verwenden. Ist der Ballen gefroren, müssen diese zunächst langsam aufgetaut werden. Ein zwölfstündiges Wasserbad bei 40 °C fördert den Austrieb. Erst danach werden die Ballen für das Topfen in große oder kleine Töpfe, ja nach Bedarf, zurechtgeschnitten und eingetopft. Das Treiben selber erfolgt wie oben beschrieben. Wichtig: nicht trocken werden lassen.

Kräuter für beheizte, frostfreie oder wärmere Gewächshäuser

Deutscher Name	Botanischer Name	Verwendung	Bemerkung
Lemon-Ysop	*Agastache mexicana*	Gewürzkraut aus Mexiko mit einem zitronigen, anisartigen Geschmack. Passt sehr gut zu Salaten, Kräuterquark und für Tees. Problemlose Kultur.	Wird sehr groß, frostfrei überwintern, auf Grauschimmel achten.
Zitronenverbene	*Aloysia triphylla* Synonyme: Zitronenstrauch, Eisenkraut	Duftkraut, Tee	Überwinterung zwischen 4 °C und 10 °C, im zeitigen Frühjahr mehr Licht und ab Mai. Verliert im Dezember meist das Laub.
Zitronenverbene	*Lippia citriodora*	Frische Triebe den ganzen Sommer über ernten, zur Trocknung gut geeignet. Köstliches Zitronenbonbon-Aroma.	Starker Rückschnitt, nur frostfreie Überwinterung notwendig.
Jamaika Thymian	*Coleus amboinicus* Synonyme: Spanischer Thymian, Mexikanischer Oregano, Jamaikathymian	Würzkraut	Temperatur nicht unter 12 °C, magerer, durchlässiger Boden.
Zitronengras	*Cymbopogon citratus*	Würzkraut	Nicht frostverträglich, also möglichst warm, (20 °C) notfalls im Zimmer, nährstoffreiche Erde und viel Licht. Kann nur durch Teilung vermehrt werden.
Kardamom	*Ellettaria cardamomum*	Salat oder Tee	Topfkultur, nur wenig Wasser, schattig bis halbschattig, kalt bis warm.
Vietnamesische Melisse	*Elsholtzia* spec.	Würzpflanze	Zur Überwinterung Stecklinge verwenden, da alte Pflanzen oft nicht überleben. Wenig Wasser im Winter.
Afrikanische Malve	*Hibiscus sabdanriffe*	Tee	Wärme und Sonne
Aztekisches Süßkraut	*Lippia dulcis*	Süßstoffersatz	Auch als Ampelpflanze, kleine weiße Blüten, die intensiv nach Honig duften. Überwinterung bei über 10 °C.

Kräuter – mehr als eine Mode   121

Deutscher Name	Botanischer Name	Verwendung	Bemerkung
Brautmyrte	*Myrtus communis*	Würzkraut; Blätter frisch oder getrocknet als Gewürz, Blüten frisch zu Salat	Hell und kühl, bei ca. 5 bis 10 °C. Kann vor dem Einräumen oder im Frühjahr stark zurückgeschnitten werden. Wenig gießen.
Brunnenkresse	*Nasturtium officinalis*	Würzkraut, Salat	Winterhart, mit kleiner Wasserquelle nicht zu warm halten, bei ca. 10 °C, man kann bis nach Weihnachten ernten.
Basilikum	*Ocimum basilicum*	Würzkraut	Nicht winterhart, unterschiedlich im Geschmack, aber gleich in Kultur. Luftfeuchtigkeit, humoser Boden, viel Wärme.
Duft-Pelargonien	*Pelargonium*-Arten	Würz- und Duftkraut. Blätter als Salat und in Desserts, Blüten zum Garnieren, in Öl, Butter und Sirup	Nach Zitrone, Pfefferminze, Muskat, Rose usw. duftend. Kübelpflanzen, zwischen 5 und 15 °C überwintern, dabei nicht zu nass halten. Rückschnitt wenn erforderlich.
Kubanischer Oregano	*Plectranthus* spec.	Duftpflanze	Kultur wie Basilikum, hoher Nährstoffbedarf.
Zulu-Plectranthus	*Plectranthus zuluensis*	Duftpflanze, Blätter frisch und getrocknet als Tee	Bei 10 bis 15 °C, wie Kübelpflanzen.
Indisches Patchouli	*Pogostemon cablin*	Duftpflanze	Alle Sorten von Patchouli wachsen bei Temperaturen über 12 °C. Im Sommer schattig. Viele Nährstoffe, da schnell wachsend.
Quilquina	*Porophyllum ruderale*	Würzkraut	Vermehrung durch Aussaat.
Rosmarin	*Rosmarinus officinalis*	Würzpflanze	Viel Licht, weniger Wärme; bei zu viel Wärme geht die Würzkraft verloren.
Afrikanisches Zitronenkraut	*Satureja biflora*	Würzkraut, Tee	Ein wirklicher Ersatz für Zitrone, Temperaturen besser hoch.
Honigmelonensalbei	*Salvia elegans*	Tee, Duftpflanze	Dekorative Pflanze, auf Weiße Fliege achten. Bei niedriger Temperatur botrytisanfällig. (Grauschimmel)
Zimmerknoblauch	*Tulbaghia violacea*	Würzkraut	Aromatische Blätter, blüht das ganze Jahr.

Kübelpflanzen pflegen und überwintern

Kübelpflanzen gehören heute zu den beliebtesten Pflanzen. Dem Reiz ihrer oft exotisch wirkenden Blüten und Blätter kann sich kaum jemand entziehen. Auf Balkon und Terrasse, aber auch im Garten versucht man, den mediterranen Schönheiten den besten Platz zu geben. Im Herbst müssen sie dann aber oft in einen dunklen Keller, ein zugiges Treppenhaus oder gar in ein Schlafzimmer, wo sie ihre Winterruhe mehr schlecht als recht überstehen. Idealer zur Überwinterung ist dagegen ein Kleingewächshaus.

Seit immer mehr Menschen immer häufiger Urlaubsreisen in ferne und exotische Länder unternehmen, haben bei uns die Kübelpflanzen einen regelrechten Boom erlebt. Die Zahl der Arten, die im Handel angeboten werden, ist kaum mehr überschaubar. Aus aller Herren Länder stammen die Pflanzen, und genauso unterschiedlich sind ihre Ansprüche. Und das ist natürlich auch das eigentliche Problem bei ihrer Pflege. Kennt man jedoch den Namen, so lassen sich Pflegehinweise erfragen oder aus Büchern ermitteln.

Wenn ein Haus nur zur Kübelpflanzenüberwinterung dient, kann es im Sommer als Sitzplatz genutzt werden. Einen verregneten Sommer gibt es darin jedenfalls nicht.

Temperaturansprüche

Nicht jede Pflanze, die in einem Kübel steht, ist eine Kübelpflanze. Wenn hier von Kübelpflanzen die Rede ist, sind nicht einheimische Pflanzen gemeint. Leider gehören sie jedoch nicht alle derselben Temperaturgruppe an. Das wird leicht einsehbar, wenn man sich die unterschiedlichen Herkunftsorte der Pflanzen anschaut. Sie reichen von Südamerika über den Mittelmeerraum bis hin nach Asien. Doch weil wir Freude an ihren Farben, Formen, an ihrem Duft oder den Blüten haben, sind sie schließlich bei uns gelandet.

Soll diese Freude nicht nur von kurzer Dauer sein, muss man als Erstes die Kultur- beziehungsweise Überwinterungstemperatur ermitteln. Sie ist der entscheidende Faktor. Gut informiert über die Temperatur- und Pflegeansprüche sein, heißt, lange Freude an seinen Pflanzen zu haben. Wer könnte sich der Attraktivität eines Fuchsienstämmchens entziehen, das schon 15 Jahre kultiviert wird und bei dem mehrere hundert Blüten gleichzeitig erblühen? So werden Kübelpflanzen lebenslange Begleiter und außerdem von Jahr zu Jahr immer schöner.

Vorbereitungen zum Überwintern

An Kübelpflanzen kann man nur Freude haben, wenn man sie den Sommer über richtig pflegt und – das ist der entscheidende Punkt – richtig überwintert. Dann können die Pflanzen in jedem Frühjahr wohlbehalten wieder an ihren Sommerplatz.

Jedes Jahr neu: das Ein- und Ausräumen der Kübelpflanzen. Wichtig ist, dass die Tür breit genug ist!

Im Gewächshaus beginnt das Kübelpflanzenjahr im Herbst, wenn der erste Frost droht. Wird das Gewächshaus zu dieser Zeit nicht noch anderweitig genutzt, etwa für Gemüse, steht zuerst eine Generalreinigung an.

Einräumen

Bevor die Pflanzen in das gereinigte Haus eingeräumt werden, untersucht man sie auf eventuellen Schädlingsbefall und entfernt alle geschädigten oder welken Blätter. Dabei ist genaue Kontrolle unabdingbar, denn die Schädlinge müssen *vor* dem Einräumen bekämpft werden. Im Herbst haben Nützlinge als Helfer keine rechte Chance mehr. Man

Kübelpflanzen mit weichem Laub werden vor dem Einräumen zurückgeschnitten. So verbrauchen sie kaum noch Wasser – auch wenn ihr Anblick etwas trostlos ist.

muss daher zu anderen Bekämpfungsmitteln oder Methoden greifen.
Wirksam gegen die häufigsten Schädlinge an den Kübelpflanzen sind jetzt **Paraffin- und Rapsöle.** Sie wirken gegen Schild-, Woll- und Schmierläuse, aber auch gegen Spinnmilben. Eigentlich sollte man diese Präparate nur bei hartlaubigen Pflanzen einsetzen, denn bei weichlaubigen können sie Blattschädigungen verursachen. Da aber die meisten Kübelpflanzen jetzt ohnehin das Laub abwerfen, schaden die Mittel nicht. Ausnahme: Nicht anwenden bei weichlaubigen Pflanzen, die in wärmeren Gewächshäusern überwintert werden.

Herbstschnitt

Alle Kübelpflanzen mit weichem Laub, also Fuchsien, Margeriten, Wandelröschen und Veilchenbäume werden jetzt kräftig zurückgeschnitten. Das kann ruhig mit einer Heckenschere geschehen. Zu vermeiden sind jedoch quetschende Schnitte. Beschädigte Triebe und Blätter sowie alle Blüten und Knospen werden entfernt.
Pflanzen mit hartem Laub, also Lorbeer, Oleander oder Buchsbaum werden nicht geschnitten, es sei denn, sie benötigen einen Formschnitt. Auch Pflanzen wie Orangen und Zitronen, die wärmer überwintert werden, sollten im Wachstum bleiben.

Pflege im Gewächshaus

Nach dem Einräumen wird viel gelüftet, damit die Pflanzen vollständig abreifen. Schon ab Januar können sonnenreiche Tage das vorzeitige Wachstum anregen, auch hier hilft nur rechtzeitiges Lüften. Die überwinternden Pflanzen dürfen im kalten Gewächshaus nicht gedüngt und nur wenig gewässert werden. **Schädlinge** erwachen gleichzeitig mit den Pflanzen aus der Winterruhe. Erstes Zeichen des neuen Lebens sind häufig die Ameisen. Ihnen folgen bald die Läuse. Auch Pilzkrankheiten treten bei zunehmender Wärme auf.

Ab Februar ist dann wieder mit Blüten zu rechnen. Die Pflanzen werden aktiv, der Gärtner muss es deshalb auch werden.

Werden die neuen Triebe an den Pflanzen sichtbar, beginnt die Arbeit. Jetzt kann, wenn notwendig, umgetopft werden. Es ist auch der richtige Zeitpunkt für den zweiten, sorgfältigen Rückschnitt.

Frühjahrsschnitt

Die neuen Triebe leiden unter Lichtmangel, sie sind weich, die Internodien (Stängelglieder) länger als erwünscht. Später im Freien würden sie schnell brechen. Sie werden vorsorglich mit dem Formschnitt entfernt. Fuchsien und Margeriten erhalten ihre Kugel- oder Pyramidenform. Alle Triebe, die sich berühren, werden entfernt. Beim Schneiden ist auch zu beachten, dass Licht in das Innere der Pflanzen gelangen kann.

Die sichtbaren Austriebsknospen vor einer Schnittstelle so wählen, dass die gewünschte Wachstumsrichtung des zukünftigen Triebes berücksichtigt wird.

Düngen

Alle nicht umgetopften Pflanzen werden von Februar an gedüngt. Zunächst wird ein stickstoffbetonter Dünger verwendet. Ab März nimmt man dann einen ausgewogenen Volldünger, ab Mai vorzugsweise einen Blütendünger. Kübelpflanzen jetzt nur organisch düngen zu wollen, wäre ziemlich aussichtslos. Das Bodenleben im Kübel ist nicht ausreichend, um die Nährstoffe in der benötigten Menge verfügbar zu machen.

Umgetopfte Pflanzen werden – je nach Qualität und Düngeranteil der verwendeten Erde –

erst ab Mai wieder gedüngt. Dann wählt man am besten gleich einen Blütendünger.

Eine weitere Möglichkeit ist die Verwendung spezieller Langzeitdünger. Je nach Ausführung sichern sie die Haupt- und Spurennährstoffe für drei bis sechs Monate. Sie müssen allerdings möglichst vorsichtig in den Topf eingearbeitet werden. Je nach Wärme und Feuchtigkeit wird den Pflanzen bei diesen Düngern der Nährstoff nach Bedarf zugeführt. Bequem, aber teuer!

Abhärten und Ausräumen

Vor dem Ausräumen müssen die Kübelpflanzen abgehärtet werden. Im März/April kann bei frisch umgesetzten Pflanzen zunächst auch noch Schatten erforderlich sein.

Zum **Abhärten** gehört vor allem Frischluft, aber auch die allmähliche Gewöhnung an höhere Lichtwerte.

Dass jetzt dem verstärkten Wachstum angepasste Wasser- und auch Nährstoffgaben notwendig sind, ist für den Hobbygärtner selbstverständlich.

Mit der Wärme werden auch die **Schädlinge** mobil. Man sollte sie noch vor dem Ausräumen bekämpfen, denn im Gewächshaus gelingt dies in aller Regel leichter als später draußen. Dies gilt besonders für den Einsatz von Nützlingen.

Die Kübelpflanzenüberwinterung endet an einem regnerischen Maitag nach den Eisheiligen mit dem Ausräumen. Bis zum Herbst können nun die Gemüsepflanzen in das Gewächshaus einziehen.

Kakteen im Gewächshaus, ein stacheliges Vergnügen

Um es gleich vorweg zu nehmen: Es gibt Kakteen für das temperierte, ja sogar für das warme Gewächshaus. Die Mehrzahl der Stachelkinder begnügt sich jedoch mit einer Überwinterungstemperatur von 6 bis 8 °C. Neben der Blüte reizt die Form und Bestachelung der Kakteen.
Kugelkakteen sind besonders pflegeleicht und deshalb gut für Einsteiger ins Kakteenhobby geeignet. Zu nennen wären hier Gattungen wie *Echinopsis, Pseudolobivia, Lobivia, Mediolobivia* und *Rebutia*. **Säulenkakteen** mit Gattungen wie *Cereus, Opuntia* und *Neochilenia* zeigen sich bei der Pflege schon heikler.

> ### Mein Rat
>
> Im Frühjahr kommt es bei Kakteen gelegentlich zu Verbrennungen durch offen stehende Lüftungsklappen hindurch. Anfänglich sind die wintermüden Pflanzen nämlich noch gegen Sonne empfindlich. Hilfreich ist in diesem Fall ein Bogen Seidenpapier, den man kurzzeitig über ihnen ausbreitet.

Ausgepflanzt oder im Topf?

Am wohlsten fühlen sich alle Kakteen, wenn sie ausgepflanzt sind. Die freie Entfaltung der Wurzeln macht sie widerstandsfähiger und blühfreudiger. Müssen sie in Töpfen kultiviert werden, platziert man sie auf Tischen mit einer Auflage aus Kies, Torf, Perlite oder Lava. Darin werden die kleinen Töpfe eingesenkt. Dies schützt die Töpfe vor der direkten Sonne und vereinfacht das Gießen. Vor allem dunkle Töpfe würden bei Sonne schnell aufheizen und austrocknen. Die häufig geäußerte Meinung, Kakteen vertragen neben viel Licht auch viel Trockenheit, trifft nämlich in der Wachstumszeit nicht zu.
Das **Kakteensubstrat** soll für die meisten Gattungen nicht zu nahrhaft gewählt werden. Allerdings immer strukturstabil, also werden neben Lehm auch Kies, Ton, Perlite und Lava beigemischt.

Kakteen benötigen nach der Eingewöhnung keinen Schatten, aber viel Frischluft. So erhalten Sie eine gesunde Bestachelung und farbige Blüten.

Ein dornenreiches Dasein

Ein solches müssen die meisten Kakteen führen, der wichtigste Wachstumsfaktor für Kakteen ist aber das Licht, stammen sie doch überwiegend aus Gebieten mit sehr hoher Lichteinstrahlung und recht kargen Bodenverhältnissen. Licht ist die Voraussetzung für gesunde und blühende Kakteen. Viele Kakteen haben teilweise auch nach jahrelanger Pflege noch nie geblüht. Sie sehnen sich nach der Sonne! Es treten in Folge von Lichtmangel typische Schäden auf: Die Sprossachse verlängert sich und die Farbe wandelt sich zu einem ungesunden Hellgrün.

In ihrer Heimat müssen sich Kakteen im Gegensatz dazu eher gegen zu viel Licht schützen. Dazu bilden sie neben starken, spitzen und teilweise mit Widerhaken besetzten Dornen andere mit feinen, borstenartige Dornen oder auch Haare aus, die den Körper vor zu viel Sonne bewahren. Übrigens: Kakteen haben Dornen und keine Stacheln! Trotzdem sagt jeder Kakteenfreund die Stacheln oder Stachelkinder usw.

Ebenfalls als Sonnenschutz dienen die Rippen mancher Arten, auf diese Art liegt immer ein Teil der Pflanze im Schatten. Generell kann gesagt werden: Je mehr Stacheln (Dornen) ein Kaktus hat, desto mehr Licht gibt es an seinem Standort.

Kakteen benötigen aber auch Feuchtigkeit, ohne Wasser kein Wachstum. Sie brauchen aber relativ wenig, weil sie sich ja vor dem

Kakteensammlung in einem Anlehngewächshaus, sie werden im Winter in Schalen gehalten, im Sommer teilweise ins Freie gebracht.

Kakteen im Gewächshaus   129

Ausgepflanzt können sich Kakteen optimal entwickeln, zudem sieht es sehr attraktiv aus.

Austrocknen schützen und sparsam mit ihren Vorräten umgehen. Mit dem Vorteil der Anpassung an Trockenheit geht aber auch eine höhere Sensibilität gegen zu viel Wasser einher. So werden die meisten Kakteen sicher »ertränkt«. Kakteen sollten erst dann gegossen werden, wenn die Erde im Topf nicht nur an der Oberfläche, sondern durchgehend trocken ist. An kalten, trüben Tagen nicht wässern und natürlich auch nicht in der Ruhezeit der meisten Kakteen von November bis März. Ausgenommen davon sind lediglich epiphytische Kakteen, die ja auch wärmer gehalten werden müssen. Verständlicherweise, schrumpfen die Kakteen dabei in den Wintermonaten etwas, das ist normal und am heimischen Standort nicht anders.

Im Frühjahr bestimmt der Knospenansatz oder der Trieb (ein neuer Stachel-/Dornenkranz) wann wieder, zuerst vorsichtig, etwas Wasser gegeben wird. Pflanzen mit geöffneten Blüten verlieren wegen der Verdunstung mehr Wasser und müssen häufiger gegossen werden, sonst verliert man die noch nicht aufgeblühten Knospen. Im Herbst schränkt man die Wassergaben einfach nach und nach wieder ein.

Zum Gießen nimmt man am besten Wasser, das wenig Kalk enthält – wie z. B. Regenwasser. Kakteen haben eine Wachstumszeit im Sommer und eine Ruhezeit im Winter. Die winterliche Ruhezeit ist für die allermeisten Kakteen unbedingt erforderlich, damit sie im folgenden Jahr wieder blühen können.

Kakteen im ungeheizten Gewächshaus

Frost- und winterharte Kakteen brauchen im Winter einen sonnigen, trockenen Platz. Wo können sie sich also wohler fühlen, als im Gewächshaus. Auch hier kann »auspflanzen« oder eingraben schützen. Notfalls mit Vlies oder Reisig abdecken. Und in Ruhe lassen! Natürlich achtet man auch im Winter auf Schädlinge, dazu gehören besonders Mäuse, die gerne Früchte und Samen naschen. Übrigens haben sich inzwischen viele Kakteengärtnereien auf ein Angebot winterharter Kakteen und anderer Sukkulenten spezialisiert. Anbieter findet man im Internet.

Bromelien im temperierten Gewächshaus

In den letzten Jahren ist eine Gattung der Bromelien bekannt geworden: die Tillandsien. Für ein temperiertes Gewächshaus sind Bromelien sehr zu empfehlen, weil sie relativ einfach zu pflegen sind.

Bromelien richtig pflegen

Wer Bromelien kultivieren will, muss sich auf einige Besonderheiten seiner Pfleglinge einstellen. Der Hauptspross einer Bromelie blüht nur einmal, dann stellt er das Wachstum ein. Am Hauptspross bilden sich aber Seitensprosse, sogenannte **Kindel**. Diese natürliche, vegetative Vermehrung macht man sich zunutze. Ist ein Kindel halb so groß wie die Mutterpflanze, nimmt man es ab und topft es ein oder befestigt es auf einen Epiphytenstamm. Einige Bromeliengattungen bilden Ausläufer, die ebenfalls vegetativ für die Arterhaltung sorgen. Eine Vermehrung durch Samen ist natürlich auch möglich.

Bromelien gießen und düngen

Als Epiphyten bilden Bromelien Sammelbehälter, Trichter oder Zisternen. Wasser und Nährstoffe werden über am Trichter sitzende Saugschuppen aufgenommen. Bei grauen Tillandsien sind die schmalen Blätter dicht bedeckt mit Saugschuppen; sie funktionieren wie ein Löschblatt und können Feuchtigkeit aufnehmen.
Bei den **Trichterbromelien** darf der Trichter niemals ganz trocken werden.
Die ideale Wintertemperatur für die meisten grauen Tillandsien oder Luftnelken liegt bei 12 °C. Sie dürfen dann fast gar nicht gegossen oder übersprüht werden. Wenn man gießt oder sprüht, müssen die Blätter in jedem Fall bis zum Abend abtrocknen. Die Pflanze darf nie nass in die Nacht gehen.
Selbst wenn die Pflanzen im Winter Blüten bilden, dürfen sie weder gedüngt noch zusätzlich mit Wasser versorgt werden, auch wenn sie Blüten ansetzen. Erst wenn ab April/Mai wieder das Wachstum einsetzt, brauchen sie Wärme, Wasser und Nährstoffe.

Bromelien lassen sich zweckmäßig an einem Gitter befestigen. Dazu werden sie auf Rebholz aufgebunden. Im Winter wenig Wasser geben!

Insektivoren

Meist ist das Gewächshaus nur das Winterquartier der Insektivoren, von tropischen Arten abgesehen, erst in voller Sonne entfalten sie ihre Schönheit.

Können Pflanzen grausam sein?

Eine Klappfalle, wie die bekannte Venusfliegenfalle *(Dionea)*, ist nur eine Möglichkeit, um an »tierische« Beute zu kommen. Es gibt noch andere ausgeklügelte Mechanismen wie Reusen, Klebe-, Saug und Grubenfallen. Reusenfallen fangen mit unterirdischen Blättern Kleinstlebewesen. Diese kriechen in die Falle hinein, den Weg zurück versperren nach innen gerichtete Haare.
Der Sonnentau hält seine Beute mit klebrigem Schleim fest. Die Wasserschläuche haben Fallen, die ihre Beutetiere einfach einsaugen. Echte Fallgruben sind die Trichter der Kannen- und Schlauchpflanzen. Stürzt das Insekt in den mit Wasser gefüllten Behälter, kann es sich nicht mehr befreien. Daran erkennt man schon, dass die Pflanzen aus sehr vielen unterschiedlichen Familien stammen.

Ansprüche

Allen Insektivoren ist gemeinsam, dass sie nach einem Weg gesucht haben, ihr Nährstoffangebot zu verbessern. Unterschiedlich sind auch die Licht- und Temperaturansprüche der

Die Gattung Sonnentau *(Drosera)* bildet die zweitgrößte Gattung der fleischfressenden Pflanzen. Sie funktionieren als Klebefallen.

einzelnen Arten. Bevorzugt werden halbschattige und sehr sonnige Standorte. So sollten z. B. Sonnentauarten *(Drosera)*, die Fliegenfallen *(Dionea)* und die Schlauchpflanzen *(Darlingtonia, Heliamphora* und *Sarracenia)* sonnig kultiviert werden. Während Fettkraut *(Pinguicula)* und Kannenpflanzen *(Nepenthes)* halbschattig gehalten werden. Beim Bewässern ist das Anstauverfahren für alle Nichtepiphyten besser als gießen. Pflanzwannen, in die man in einer Höhe von 2 cm ein Loch bohrt, um das überschüssige Wasser abfließen zu lassen, werden mit einer Torf-Sandmischung füllen und angestaut. Ganz wichtig: nur Regenwasser verwenden. Sonnentau und

Die Venusfliegenfalle *(Dionaea muscipula)* benötigt eine Winterruhe, erst nach 3–4 Jahren kommt sie zur Blüte. Die Temperatur sollte nicht unter –5 °C fallen.

andere behaarte Arten nicht von oben gießen oder überbrausen, das kann Brennflecken geben. Glatte Blätter vertragen dagegen Wasser. Auch Kannenpflanzen können häufiger besprüht werden. Die Temperatur sollte immer an die jeweilige Pflanzenart angepasst werden. Im Sommer dazu das Gewächshaus schattieren und für ausreichend Luftfeuchtigkeit sorgen. Im Winter dürfen die Temperaturen natürlich niedriger sein, da diese an das mangelnde Lichtangebot angepasst sind.

Vermehrung

Eine Aussaat insektivorer Pflanzen durch Samen ist möglich. Die Keimzeit und Temperatur erfragen. Durch die Vielzahl der Pflanzen, die zu dieser Gruppe zählen, ist alles möglich. Es sind sogar Bromelien dabei. Schlauch- und Kannenpflanzen nur über frischen Samen vermehren. Die Keimtemperatur richtet sich nach dem Herkunftsland. Bei Schlauchpflanzen keimt das Saatgut gleichmäßiger, wenn es zuvor ca. zwei Monate bei etwa 5 °C im Kühlschrank gelagert wird. Venusfliegenfallen keimen unregelmäßig auf feinem Torf. Die Vermehrung ist auch durch Teilung möglich, ältere Exemplare mit mehreren Vegetationspunkten lassen sich brechen oder mit einem scharfen Messer teilen. Die Schnittstellen sollten mit Holzkohlepulver vor Pilzbefall geschützt werden. Das beste Insektivorensubstrat ist Torf. Schwarz- und Weißtorf kann man dazu mischen. Als Zuschlagsstoffe eignen sich Sand, Styroporflocken und Sphagnum. Eigentlich müssen Insektivoren nicht gedüngt werden, da sie sehr genügsam sind. Das hat sie ja schließlich so raffiniert werden lassen. Sehr schwache Düngergaben schaden jedoch nicht (¼ der vom Hersteller angegeben Dosierung). Viele Sarracenien und einige *Drosera*-Arten sind winterhart und können im Frühbeet oder im kaltem Gewächshaus bleiben. Kannenpflanzen benötigen dagegen ein Warmhaus und sollten nicht unter 15 °C gehalten werden. Fettkraut und Sonnentau bevorzugen ein eher kühles Haus. Schnecken und viele Pilzkrankheiten können den Pflanzen gefährlich wedren.

Die Kultur der Insektivoren ist nicht ganz einfach, sie benötigen sehr viel Sonne. Trockene Luft ist zu vermeiden und zum Gießen sollte man möglichst kalkarmes Wasser verwenden.

Orchideen im wenig beheizten Gewächshaus

Es gibt Orchideen in allen Klimazonen, sogar für den heimischen Garten. Allerdings sind die Kulturbedingungen besser in der geschützten Umgebung des »frostfreien« Gewächshauses zu erreichen – zumal dann auch tropische Kalthausorchideen mitkultiviert werden können. Optimal für solche Sammlungen sind Erdhäuser, die ja wenig Energie benötigen (siehe S. 27). Solch typische Kalthausorchideen sind *Coelogyne cristata*, aber auch viele *Masdevallia* und *Pleionen*. Kreuzungen der Garten-Frauenschuhe lassen sich ebenso im Topf halten wie *Bletilla striata* die häufig als Japanorchidee im Handel angeboten wird.

Temperatur- und Lichtansprüche

Je nach Pflanzensammlung variieren die Temperatur- und Lichtansprüche von eben frostfrei bis zu ca. 10 °C (Heizwärme). Im Winter ist schon ab 12 °C eine Lüftung erforderlich, im Sommer wird dauergelüftet (große Fenster, Seiten- und Firstlüftung).

Pleionen sind meist terrestrische Orchideen aus dem Himalaja. *Pleione limprichtii* ist eigentlich winterhart, jedoch vermeidet man im Gewächshaus Ausfälle, die weniger durch Kälte als durch Nässe entstehen.

Cypripedium 'Native Noble', eine neue Frauenschuh-Züchtung für den Garten oder das kalte Gewächshaus.

Schwieriger ist es, die Wärme im Sommer auszuschließen, hier muss dann gegebenenfalls schattiert werden. Die meisten Orchideen benötigen auch im Kalthaus Schatten, jedoch gibt es von Art zu Art Unterschiede.

Feuchtigkeit und Lüftung

Im Kalthaus werden die Orchideen nicht unter einem Mangel an Luftfeuchtigkeit leiden, eher im Gegenteil. Die Luft muss ständig in Bewegung bleiben. Wird nicht gelüftet, ist ein Ventilator nötig. Besonders heikel ist das Gießen der Kalthausorchideen. Anders als im Warmhaus trocknen sie nur langsam ab. Zu viel Wasser wirkt sich also noch nachhaltiger negativ aus. Auch sind die Substrate der Erdorchideen nicht so durchlässig, trocknen also nur langsam ab. Solche Bedingungen fördern Pilzkrankheiten, auf die man besonders achten muss. Der Einsatz chemischer Präparate (Fungizide) ist im Ernstfall meist unumgänglich, und anders als bei Gemüse oder Kräutern auch weniger problematisch, da Orchideen ja nicht für den Verzehr bestimmt sind. Kalthausorchideen lassen sich natürlich auch mit vielen anderen Pflanzen wie Kakteen kombinieren.

Verfügt das Gewächshaus über Bankbeete kann man die Orchideen dort auspflanzen. Zwar wachsen sie so besser, aber sie benötigen viel Platz. Besonders die Frauenschuhe werden normalerweise in quadratischen Containertöpfen kultiviert, die viel Erdvolumen aufnehmen. Im Beet und in den Containern muss Staunässe unbedingt vermieden werden. Erdorchideen (terrestrische Orchideen) wie Frauenschuh, Pleionen u. a. haben weiche, relativ große Blätter. Sie sind besonders anfällig bei zu hoher Feuchtigkeit, ob im Topf oder in der Erde, oder in der Luft. Blattflecken sind die erste Warnung. Es folgt rasch der Totalverlust durch Pilze und Bakterien.

Orchideen im warmen Gewächshaus

Orchideen sind weltweit verbreitet und wachsen an klimatisch sehr unterschiedlichen Standorten. So ist es naheliegend, dass sich nicht alle Arten für das Warmhaus eignen. Bekanntlich gibt es auch in Europa heimische Orchideen, etwa die Knabenkräuter, die durchaus mit unserem (Garten-)Klima vorliebnehmen. Als typische Warmhausorchidee gilt eine Topfpflanze, die heute jeder kennt: die *Phalaenopsis* oder Falterorchidee. Sie ist der Dauerblüher des warmen Gewächshauses.

Temperatur- und Lichtansprüche

Im Warmhaus muss die für Orchideen notwendige Temperatur ganzjährig gehalten werden. Als Dank für das **tropische Klima** kann man ganzjähriges Blühen und Wachsen erreichen. Wird nebenbei noch exotisches Gemüse angebaut, gibt es auch immer noch etwas für die Küche zu ernten.

Die Wärme beizubringen, macht dem Gewächshausgärtner kaum Probleme, wenn man von den Energiekosten absieht. Natürlich darf man für Orchideen nur gut isolierte Häuser verwenden.

Die wichtigsten Pflegetipps für Orchideen

- Das Substrat für Orchideen muss sehr durchlässig sein.
- Staunässe ist tödlich für Orchideen.
- Die schlimmsten Feinde der Orchideen sind Woll-, Schmier- und Schildläuse.
- Orchideen benötigen frische Luft!

Ein Gewächshaus mit Orchideen. Die Vielfalt der Familie macht die Auswahl schwierig, das »größte« Kleingewächshaus reicht schnell nicht mehr aus. Aber man kann ja anbauen!

Phalaenopsis erfordern immer ein gut isoliertes, warmes Gewächshaus. Die Abbildung zeigt die umfangreiche Sammlung eines Orchideenliebhabers.

- Orchideen im Warmhaus ganzjährig gießen. Bei Lichtmangel und in der Wachstumsruhe wenig Wasser geben.
- Im Warmhaus schützt im Sommer hohe Luftfeuchtigkeit vor Überhitzung. Im Winter muss sie durch Luftbefeuchter gefördert werden. Der Wasserdampf kondensiert nämlich an den kalten Scheiben des Hauses und entzieht der Luft Wärme und Feuchtigkeit.
- Auch zu hohe Luftfeuchtigkeit kann ein Problem werden. Besonders in den Übergangsmonaten, wenn nicht mehr oder noch nicht geheizt wird. Abhilfe kann ein Ventilator schaffen (Luftumwälzung).
- Orchideen sollte man in einer Pflanzengemeinschaft pflegen, zum Beispiel zusammen mit Farnen, Bromelien und Insektivoren. Dann macht ihre Pflege wenig Probleme, weil sie sich ergänzen, z. B. gegenseitig Luftfeuchtigkeit und Schatten geben.

Auf einen Blick

- Fast alle Pflanzen lassen sich im Gewächshaus besser kultivieren und vermehren als im Freiland.
- In einem Gewächshaus dauert das Gartenjahr zwölf Monate. Hier kann man im Winter den Frühling erleben.
- Nur hochwertiges Saatgut aus dem Gartenfachhandel wählen.
- Einbringen einer wärmenden »Packung« kann das Heizen im Winter überflüssig machen.
- Die Überwinterung im Gewächshaus ist für Kübelpflanzen ideal und sichert kräftiges Wachstum und eine reiche Blüte im Sommer.
- Auch für die Kakteen-, Bromelien- und Orchideenkultur eignet sich ein Gewächshaus hervorragend.

Arbeitskalender für Gewächshaus und Frühbeet

Monat	Frühbeet	Gewächshaus
Januar	Abdichten, Reparaturen, Säubern. Feucht halten. Wenn noch ungenutzt, dann keine Scheiben auflegen, aber mulchen. Aussaat von Spinat.	Im frostfreien Haus kann man Rettich, Schnittsalat und Gartenkresse aussäen sowie Treibsorten von Radieschen. Kübelpflanzen im Winterquartier: auf Schädlinge achten, wenn sie schon austreiben, ggf. nochmals zurückschneiden. Feldsalat und andere Wintergemüse ernten.
Februar	Fenster auflegen, aber feucht halten. Bei Frost Isolieren. Mistpackung vorbereiten und einbringen. Den Boden bearbeiten, wenn er frostfrei ist. Pflücksalat ('Lollo rosso', roter und gelber Eichblattsalat) und Schnittsalat direkt aussäen.	Jungpflanzen mit Vlies abdecken. Den Boden vorbereiten. Aussäen: Endivie, Saatzwiebeln, Blumenkohl, Sommerbrokkoli, Kohlrabi, Puffbohnen, Sommerlauch, Paprika, Artischocken, Tomaten, Kopfsalat. Erdbeeren treiben; nach Blütenbildung von Hand mit einem Pinsel bestäuben. Feldsalat und andere Wintergemüse ernten. Bei den Kübelpflanzen auf die ersten Läuse achten bzw. Ameisen als deren Vorboten bekämpfen.
März	Im Frühbeet oder unter Folie aussäen: Kopfsalat, Pflück- und Schnittsalat, Eissalat, Rote Rübe, Radieschen, Rettich, Mairüben, Weißkohl, Spitzkohl, Rotkohl, Wirsing, Rosenkohl, Kohlrabi. Heizung mit Gas oder Heizkabel verbessert die Ergebnisse. Frostfrei halten!	Ameisen und damit auch Blattläuse bekämpfen. Bei Frostgefahr Kulturen mit Vlies abdecken. Mit dem Lüften beginnen, besonders auch bei Kubelpflanzen. Evtl. jetzt Formschnitt bei weichen Pflanzen wie Fuchsien. Kübelpflanzen nach und nach mehr gießen und düngen. Mit Luftpolsterfolie einen Teilbereich abtrennen und vielleicht schon heizen. Pflanzen unter Glas behutsam gießen. Wichtig: Viel lüften, damit es nicht zu Pilzbefall kommt. Aussaat von Endivie, Bleichsellerie, Sellerie, Knollenfenchel, Sommerbrokkoli, Kopfsalat, Rettich, Radieschen, Kohlrabi sowie Kräuter im Haus oder im Vermehrungsbeet. Bei viel Wärme auch Auberginen, Tomaten, Paprika und viele Sommerblumen.
April	Paprika und Tomaten im Frühbeet auspflanzen. Lüften, soweit möglich. Nachfolgesaaten von Salat, Blumenkohl, Kohlrabi, Bleichsellerie, Knollenfenchel.	Aussaat von Sellerie, Tomaten, Paprika, Gurken, Zucchini, Brokkoli, Bohnen und Kräutern wie Basilikum. Gurken, Melonen, Kürbis und Zucchini keimen nur bei viel Wärme. Ihre flach wachsenden Wurzeln sind empfindlich, daher nicht pikieren, sondern gleich in 6–10 cm große Töpfe. Ausgepflanzt wird nach den Frösten im Mai. Kübelpflanzen langsam abhärten, mehr Luft geben und düngen.
Mai	Alle Arbeiten wie im Gewächshaus. Am Tag viel lüften, nachts geschlossen halten.	Nach den Eisheiligen die Balkon- und Kübelpflanzen ausräumen; langsam eingewöhnen! Am Tag wenn möglich viel lüften. Lüftungen mit Netzen verschließen.
Juni	Endivie in der Monatsmitte aussäen. Fenster bei Gurkenanzucht nicht abnehmen, lüften. Paprika anbinden.	Gelbsticker kontrollieren. Dünger für Tomaten, Gurken usw. Einsatz von Nützlingen ist möglich. Melonen, Paprika und Tomaten zur Befruchtung mittags schütteln oder mit dem Pinsel bestäuben. Bei Hitze brauchen Gurken Luftfeuchtigkeit, Tomaten und Paprika Frischluft.

Arbeitskalender (Fortsetzung)

Monat	Frühbeet	Gewächshaus
Juli	Gurken, Tomaten und Paprika mulchen. Fenster auch nachts nicht mehr schließen. Schutznetze einsetzen.	Blumenkohl für die Herbsternte aussäen. Tomaten entgeizen. Gurkentriebe zurückschneiden, mulchen! Gurken ernten. Wenn nötig, schattieren. Tomaten gegen Krautfäule, Gurken gegen Spinnmilben vorbeugend spritzen.
August	Fenster tags und nachts gelüftet lassen oder ganz entfernen. Vorsicht, die Pflanzen vor Verbrennungen schützen. Schutznetze einsetzen.	Gelbsticker erneuern. Evtl. bei Tomaten und Co. nachbinden, ausgeizen und schneiden. Bis zum Ende der Kulturen mit einem Flüssigdünger düngen. Mehltau und Schimmel an Gurken beachten! Aussaat von Chinakohl, Endivie, Radicchio, Knollenfenchel, Schnittsalat.
September	Die meisten Kulturen sind jetzt abgeerntet, Paprika kann man allerdings noch länger ernten. Aussaat von Kopfsalat, Zuckerhut, Radieschen, Feldsalat u. a. Salate, Endivie, Spinat.	Feldsalat, Radieschen, Spinat und Frühlingszwiebeln aussäen. Endivien im frostfreien Gewächshaus pflanzen. Gewächshaus reinigen, Schattierung entfernen.
Oktober	Chicoree und Löwenzahn ausgraben, in einen Eimer mit Erde umpflanzen und in den Keller stellen. Endivien ausgraben, im Frühbeet einschlagen. Fenster jetzt nachts geschlossen halten. Lüften, wann immer möglich. Gießen nur morgens, eher selten. Frühbeet mit Noppenfolie oder Brettern vor Nachtfrost schützen. Ungenutzte Kästen mulchen, feucht halten, ohne Abdeckung überwintern.	Ausgegrabene Chicoree, Endivien, Zuckerhut im Gewächshaus einschlagen. Kräuter in Töpfen können gut überwintern. Wenn keine Heizmöglichkeit vorhanden, die Pflanzen in der Nacht mit Vlies abdecken. Schnittsalat, Winterkopfsalat, Endivie, Feldsalat, Spinat, Radieschen, Rettich, Möhren können noch ausgesät werden. Mitte/Ende des Monats Kübelpflanzen einräumen. Zuerst die frostempfindlichen, dann zum Schluss (bis November/Dezember) Kamelien, Kumquat und Zwergpalme. Beim Einräumen auf Schädlinge achten; Rückschnitt, wenn erforderlich. Wenn noch nicht erfolgt, zuvor die Scheiben reinigen. Vor der Neupflanzung kann auch der Boden ausgetauscht werden; er darf aber nicht zu nährstofffrei sein, sonst besser im Frühjahr wechseln. Ungenutzte Häuser mulchen, feucht halten.
November	Endivien können weiter geerntet werden, bis −5 °C lüften, wann möglich, niemals nachts. Feldsalat vorsichtig gießen, sonst Mehltaugefahr! Außen evtl. eine Laubschicht ausbringen. Schneelast entfernen.	Im unbeheizten Haus Endivien, Kopfsalat und auch Feldsalat mit Zeitungspapier oder Vlies gegen Frost schützen. Erde nur mäßig feucht halten. In frostfreien Häusern wachsen Radieschen (Treib-und Wintersorten), Rucola und Winterpostelein. Kübelpflanzen kaum gießen. Luftbewegung durch einen Ventilator, auch nachts! Schneelast entfernen.
Dezember	Ungenutzte Kästen für eine Mistpackung vorbereiten. Dazu Erde ausheben. Vor Frost und Trockenheit schützen. Boden im Kasten mit Kompost verbessern. Schneelast entfernen.	Mit Noppenfolie isolieren; Styroporplatten an den Stehwänden schützen vor Kälte. In ungenutzten Häusern den Boden bearbeiten, evtl. mit Kompost verbessern. Kalkstickstoff ausbringen. Schnee entfernen, auch von beheizten Häusern, da sonst Lichtmangel. Kübelpflanzen und Topfkräuter kaum gießen.

Adressen, die Ihnen weiterhelfen

Gewächshäuser
(meist auch Zubehör)

Fa. Ing. Beckmann
Simoniusstr. 10,
88239 Wangen/Allgäu
www.beckmann-kg.de

Gewächshäuser & mehr
Erlanger Str. 26,
91077 Neunkirchen a. Brand
www.top-gewaechshaus.de

Clemens HobbyTec GbR
Rudolf Diesel Str. 8, 54516 Wittlich
www.clemens-hobbytec.de
(Kunststoffgewächshäuser)

Hoklartherm
Jürgen Görmann (Gebiets-
vertretung)
Dammweg 6, 33184 Altenbeken
www.montage-bau-goermann.de

Hunecke GmbH
Krackser Str. 12, 33659 Bielefeld
www.gewaechshaeuser.de

Krieger Gewächshäuser
Gahlenfeldstr. 5, 58313 Herdecke
www.kriegergmbh.de
(Bildbeispiele Seite 20 oben,
S. 36 ru, S. 48 ul, S. 51 lu, S. 85)

Mehr im Garten
Christe Altemeyer
Lindenweg 8–10, 59590 Geseke

Palmen GmbH
Ferdinand-Porsche-Str. 4,
52525 Heinsberg
www.palmen-heinsberg.de

Fa. Karl Richter
Großhaderner Str. 24,
81375 München
(selbstlüftende Frühbeetfenster)

Schlachter GmbH
Wasserburger Weg 1/2 ,
89312 Günzburg
www.schlachter-online.de

Voss Gewächshäuser
Gewerbegebiet 2,
55268 Nieder-Olm
www.voss-ideen.de

R. Wagner Glashausbau
Salzburger Str. 340,
A-5026 Salzburg
www.princess-glashausbau.at
(Bildbeispiele Seite 31, S. 70)

Wama Gewächshäuser
Hollertszug 27, 57562 Herdorf
www.wamadirekt.de

Wilhelm Terlinden GmbH & Co. KG
Bruchweg 1, 46509 Xanten

Zusätzlich werden in Gartencentern und Baumarkt-Ketten Gewächshäuser verschiedener Herkunft (Juwel, Eden, Halls und
andere) angeboten, alle sind jedoch nicht direkt vom Hersteller zu
beziehen. Bildbeispiele sind auf
den Seiten 18/19 in der Bildserie
(Elite), 74 (Juliana) und 21 (Delta)
zu sehen.

Zubehör

Dm Kunststoff-Vertrieb
D. Mühlinghaus
Hans-Böckler-Straße 21,
72775 Reutlingen
www.dmf-gmbh.de (Folien)

Opitz Umwelttechnik
Unterödel A 19, 91161 Hilpoltstein
www.opitz-umwelttechnik.de
(Bodenbeläge)

Bio Green
J. Brusius
35649 Bischoffen-Oberweidbach
(Gewächshaustechnik)

Gartenbau Versicherung VvaG
Von-Frerichs-Str. 8,
65191 Wiesbaden
e-Mail: service@GeVau.de
(Versicherung für Hobby-
Gewächshäuser)

Keller GmbH & Co. KG
Konradstr. 17, 79100 Freiburg
www.biokeller.de

ANDO Technik GmbH
Hofschläger Deich 40,
21037 Hamburg
www.ando-technik.de
(Regelungen)

Nützlinge

FLORA Nützlinge

Biologischer Pflanzenschutz
Diakonisches Werk
Friedhofstr. 1, 15517 Fürstenwalde
www.floranuetzlinge.de

ÖRE Bio-Protect GmbH
Kieler Str. 41, 24223 Raisdorf
www.oere-bio-protect.de

re-natur GmbH
Hof Aqua Terra
Am Pfeifenkopf 9, 24601 Stolpe
www.re-natur.de

W. Neudorff GmbH KG
Abt. Nutzorganismen
Postfach 12 09, 31857 Ernerthal
www.neudorff.de

AMW Nützlinge GmbH
Außerhalb 54, 64319 Pfungstadt
www.amwnuetzlinge.de

STB-Control
Schaltenbach I, 65326 Aarbergen
www.stb-control.de

AGRINOVA
Akazienweg I, OT Mühlheirn,
67283 Obrigheirn
www.agrinova.de

Sautter & Stepper GmbH
Rosenstr. 19, 72119 Arnerbuch
www.nuetzlinge.de

Peter Katz Nützlingszuchten
Industriestr. 38, 73642 Welzheim
www.katzbiotech.de

Hatto Welte
Maurershorn 10,
78479 Insel Reichenau
www.welte-nuetzlinge.de

Stichwortverzeichnis

Seitenzahlen mit * verweisen
auf Abbildungen

Aluminiumgewächshaus
30, 48
Anlehngewächshaus   8, 21,
25, 26
Arbeitskalender   137
Arbeitstische   52
Auberginen   114*
Aussaat   98
Außenschattierung   68

Balkonpflanzen   103
Bankbeete   77
Baugenehmigung   22
Bedachung   14
Beleuchtung   66
Belüftung   71
Bewässerungssysteme   78,
79, 80
Biologische Schädlingsbe-
kämpfung   87, 93
Blumenkohl   110
Bodenaustausch   75, 104
Bodenbelag   53
Bodenheizung   62
Bodenpflege   74, 75, 104
Botrytis   86
Brokkoli   110
Bromelien   130

Chemische Pflanzenschutz-
mittel   93

Drehtüren   50
Drosera   132
Düngung   82

Elektrische Heizung   63
Energieschirm   15
Erdhaus   27, 135

Feldsalat   82, 110
Feige   115*
Fensterglas   8, 48
Fensteröffner   48
Fleischfressende Pflanzen
131
Flügeltüren   50
Folien   14, 39, 44, 45
Foliengewächshaus   27
Frostwarngerät   63
Frühbeet   12, 28, 105
Fundament   33, 34

Gasheizung   64
Gelbtafeln   84
Gemüse   21, 52, 83, 104 ff.
Gemüse, Anbauplan   108
Gemüsesaat   106
Gewächshaus aufbauen
30 ff., 54
Gewächshaus,
Geschichte   8
Gewächshaus, temperiert
60

Gewächshaus, ungeheizt   60
Gewächshauskauf   22, 23
Glashaus   11
Glasstärken   40
Glasverarbeitung   39
Grauschimmel   86*, 88
Gurken   53, 81, 109, 111
Gusseisenkonstruktion   11

Hanglagen   18
Heizkosten sparen   47, 62,
64
Heizung   61, 62
Himmelsrichtung   20
Höckermelone   114*
Holländerfenster   29
Holz   56
Holzlasur   57
Holzschutzmittel   38

Innenausstattung   21, 51
Innenschattierung   69, 70
Insektivoren   131
Isolierglas   41

Jungpflanzen   103

Kakteen   127 ff.
Kakteen gießen 129
Kakteen, Ruhezeit   129

Stichwortverzeichnis 141

Kakteensubstrat 127
Kalthaus 60
Kalthausorchideen 135
Klarglas 40
Knollenfäule 89
Kohlrabi 111
Kompost 82
Kopfsalat 110, 111
Krankheiten 84, 86, 88,
  89
Kräuter 104 ff., 114, 116 ff.
Kräuter im Gewächshaus
  118, 120 ff.
Kräuteranzucht 116
Krautfäule 86*
Kübelpflanzen 122 f.
Kübelpflanzen abhärten
  126
Kübelpflanzen düngen 126
Kübelpflanzen im Winter-
  quartier 125
Kübelpflanzen pflegen 125
Kübelpflanzen überwintern
  122, 123
Kübelpflanzen, Frühjahrs-
  schnitt 126
Kübelpflanzen, Herbstschnitt
  124
Kübelpflanzen, Temperatur-
  ansprüche 122
Kunstlicht 66

Lauchzwiebeln 111
Läuse 90
Leimtafeln 85
Leitungswasser 78
Licht 19, 66
Lüften 71
Luftfeuchtigkeit 78, 80, 81

Luftpolsterfolien 46
Luftumwälzung 71

Materialien 36
–, Acryl 43
–, Aluminium 36
–, Blankglas 40
–, Glas 39
–, Holz 37
–, Isolierglas 41
–, Klarglas 40
–, Kunststoff 38, 42
–, Plexiglas 44
–, Polycarbonat 43
–, Stahl 37
Mäuse 91
Mehltau 88, 89
Melone 115
Milben 86
Minierfliege 90
Mistpackung 105
Möhren 112
Mulchen 75, 77

Nährstoffbedarf 82
Nebelsprühanlagen 81
Nematoden 86
NIR Cooling 14
Nitrat 83
Noppenfolie 46, 47, 65
Nützlinge 87, 92, 94

Ofenheizung 61, 64
Optical Brightner 14
Orangerie 8, 9

Orchideen 19, 81, 133 ff.
Orchideenpflege 133

Palmen 11
Parthenocissus 69
Petersilie 112
Petunia-Hybriden 101
Pflanzen zur Schattierung
  70
Pflanzenanzucht 100, 101
Pflanzenschutz 84, 120
Pflanzenschutzmittel 85
Pflanzenvermehrung 98
Pikieren 100
Plexiglas 44
Polyäthylen-Folien 45
Pomeranzen 9
PVC-Folie 47

Radieschen 112
Raupen 90
Regenwasser 78
Regenwasser sammeln 34
Rettich 112
Rote Rüben 113
Rundgewächshaus 26

Saaterde 99
Saatgefäße 99
Samtfleckenkrankheit 89
Satteldachgewächshaus
  24
Schadbilder 88, 89
Schädlinge 85 ff.
Schattierung 68

Schiebetüren 49
Schildläuse 89
Schindelverglasung 40
Schlupfwespen 92
Schnecken 90
Schnittlauch 111, 119
Sicherheitsvorschriften 21
Solarheizung 63
Sommerblumen 101
Sonnentau 131
Spinat 113
Spinnmilben 87*, 90
Stecklingsvermehrung 102, 103
Stegdoppelplatten 42 ff., 61

Tafeltrauben 115
Thripse 90
Tillandsien 130
Tische 51
Tomaten 109, 113
Tropenhaus 10*
Türe 48, 50

Venusfliegenfalle 131
Verglasung 39
Versorgungsleitungen 18

Wärmebedarf 61
Wärmedämmung 65
Wärmedurchgang 40
Wärmeschutzverordnung 11
Wärmespeicherung 13, 14
Wärmestrahlung 14
Wärmeströmung 14
Wärmeverlust 14
Warmhaus 60
Warmhausorchideen 133
Warmwasserheizung 62
Wege 53
Wegbeläge 53
Weiße Fliege 87*
Werkstoffe 14
Wilder Wein 69*
Windexposition 20
Wintergarten 11, 38
Winterzwiebeln 113
Wollläuse 89

Über den Autor

Jörn Pinske ist ausgebildeter Gärtner und war mehr als 20 Jahre in einer der bekanntesten deutschen Orchideengärtnerei für Kultur und Zucht der Orchideen zuständig. Seit einigen Jahren arbeitet er im Vertrieb (Außendienst) der Firma Gabi, die speziell Blumendünger und Pflanzenpflegeprodukte für den Hobbygärtner und Pflanzenliebhaber anbietet.

**Bibliographische Information
Der Deutschen Bibliothek**
Die Deutsche Bibliothek verzeichnet diese Publikation in der Deutschen Nationalbibliografie; detaillierte bibliografische Daten sind im Internet über http://dnb.ddb.de abrufbar.

Bildnachweis:

BASF: Seite 86 l.
Baumjohann: Seite 87 r.
Bühl: Seite 92 u.
Krieger: Seite 25, 43 o., 47 r., 52 u., 81 o., 98, 107, 110, 112 r., 114 o. und u., 115 o., 122
Pforr: Seite 87 l.
Redeleit: Seite 16/17, 26, 28, 35 r. und l., 36, 38, 41, 43 u., 45, 46, 48, 49, 53 r. und l., 55, 58/59, 64, 69, 74, 75, 76 r. und l., 79 alle, 96/97, 99, 101, 105 r. und l., 130, 133
Reinhard: Seite 24, 29, 30 alle, 31 alle, 32 alle außer 12, 42, 63, 84, 100, 104, 115 u.
Reithmeier: Seite 86 r.
Strauß: Seite 72/73
Bildagentur Waldhäusl: Seite 83, 92 o., 132

Alle anderen Bilder stammen vom Autor.

Grafiken: Heidi Janiček

Überarbeitete und erweiterte Neuausgabe des Titels »Gewächshäuser« aus der Reihe »BLV Garten plus«.

BLV Buchverlag GmbH & Co. KG
80797 München

© BLV Buchverlag GmbH & Co. KG, München 2011

Das Werk einschließlich aller seiner Teile ist urheberrechtlich geschützt. Jede Verwertung außerhalb der engen Grenzen des Urheberrechtsgesetzes ist ohne Zustimmung des Verlags unzulässig und strafbar. Das gilt insbesondere für Vervielfältigungen, Übersetzungen, Mikroverfilmungen und die Einspeicherung und Verarbeitung in elektronischen Systemen.

Umschlagfotos: Liz Eddison/The Garden Collection (Vorderseite); Strauß (Rückseite)

Lektorat: Dr. Thomas Hagen

Redaktion: Redaktionsbüro Wolfgang Funke, Augsburg

Herstellung: Hermann Maxant

Satz: Uhl+Massopust, Aalen

Gedruckt auf chlorfrei gebleichtem Papier

Printed in Germany ·
ISBN 978-3-8354-0556-1

Mediterranes Flair für zu Hause

Monika Kock, Thorsten Klock
Zitruspflanzen
Die schönsten Zitruspflanzen im Porträt · Pflegepraxis: Standort, Gefäße, Gießen, Düngen, Überwintern, Pflanzenschutz · Kulturgeschichte sowie Rezepte für Getränke und Speisen, für Aromatherapie und Kosmetik.
ISBN 978-3-8354-0818-0